学術選書 077

集成材
〈木を超えた木〉開発の建築史

小松幸平

KYOTO UNIVERSITY PRESS

京都大学学術出版会

はじめに

　「青は藍より出でて藍より青し」いう諺がある．「出藍の誉れ」とも言われるこの諺は，植物の"藍"から造られる青の染料は，原料の"藍"よりもより澄んだ綺麗な青色を発色させることができることから，弟子が後天的な努力によって，師を凌駕する優れた人物に成長し，名を成す例えを言い表したものである．私はかつて，大学院の学生に集成材の優れた性能を講義する時，いつもこの諺を思い浮かべたものであった．

　集成材と呼ばれる鋸挽きした木材の板を積層配置し接着剤で固めた材料は，せいぜい100年程度のキャリアしかない新しい構造材料であるが，最近各地で積極的に建てられるようになってきた中・大規模な木質構造物を構築するための主要な構造材料として，確固たる地位を確保している．

　一方，その素となっている木材はというと，地球上に最初の植物が誕生した後，組織構造が比較的単純な針葉樹がまず誕生し，その後，組織構造がより複雑に進化した広葉樹が誕生し現在に至っている．正確な年代は不明であるが，2億年〜3億年という極めて長いキャリアを誇っている．この間，この奥の深い天然の構造材料は，人間の営みに深く関わり，道具，家具，住居，橋，そして神社仏閣や城郭に至るまで，

その性能を知り尽くした職人や大工棟梁の技能に支えられて，今日まで着実に利用され続けている．

　本書では，集成材が，数ある木質材料の中で工学的に最も信頼性の高い構造材料として確固たる地位を獲得するまでにたどってきた長い道のりと，現在世界的な地球環境問題に対する関心の高まりの中で，この材料が世界の様々な場所で，鉄やコンクリートなどのいわゆるメジャーな構造材料と互角の立場で活用され始めている状況の一端を，集成材とその接合法の研究に携わってきた研究者の視点から紹介していきたい．

　　　　　　　　　　　　　　京都大学名誉教授　小松幸平

目 次

第Ⅰ章
木造建築と集成材 — 1
1 日本の木造建築と適材適所な木材の利用 — 1
2 集成材とは：構造と特性 — 7
3 集成材の製造 — 10

第Ⅱ章
縦使い厚板構法の誕生 — 19
1 デロームの大発明：円弧状縦使い厚板による屋根構造 — 19
2 ヨーロッパでのその後の発展 — 29

第Ⅲ章
水平積層アーチの誕生 — 51
1 橋梁分野における機械的積層アーチ構造の発展 — 52
2 エミー大佐による水平積層アーチ屋根構造の提案 — 74

第Ⅳ章
現代的集成材の幕開けとその発展 — 91
1 ヘッツアーによる接着積層集成材の発明 — 91

2	ヘッツアー型集成材の発展	97
3	現存するヘッツアー型集成材建築物について	109

第Ⅴ章

ヨーロッパから海を渡った集成材 — 117

1	アメリカ合衆国に伝わった集成材	117
2	日本における集成材の始まり	131
3	アメリカの強み	137

第Ⅵ章

世界最初の集成材建築にまつわる二つの謎 — 141

1	バーゼルで建てられた音楽堂	141
2	現存最古の集成材建築：英国サザンプトンの結婚式場の謎	148

第Ⅶ章

日本おける集成材構造建築物の発展 — 157

1	初期から最盛期までの一般的な状況	157
2	通直集成材を用いた集成材ラーメン構造の開発	176

第Ⅷ章

最近の集成材構造物 — 195

1	実大火災実験に供試された学校校舎	195
2	ノルウェーの木橋	201

3　大きくて美しい集成材建築物　　　211

おわりに　　　219
引用・参考文献　　　223
索引　　　235

第 I 章 | *Chapter I*

木造建築と集成材

1 | 日本の木造建築と適材適所な木材の利用

　国土の大部分を森に覆われた日本では，人々の暮らしは常に木とともにあった．現在，日本の各地で厳密な学術的調査に基づいて復元された家屋のモデルにおいて，その主要構造部分が木材の柱や梁（はり）で構成されていることからも，このことがうかがえる．

　表 1.1 は現在の日本における新築住宅着工件数の推移と，住宅構法別の占有割合を示したものである．まず目につくことは，日本で建設される住宅の半数以上が「木造住宅」であるということ．そして，その 7 割以上で「在来軸組構法」と呼ばれる日本独特の住宅構法が使われていることである．

　ここで在来軸組構法とは家の構造を柱や梁といった軸状の構造部材で組み立てる住宅構法で，軸状の構造部材には正方形断面（図 1.1-a）や，比較的断面の大きな矩形断面（図 1.1-b），あるいは比較的断面の小さな矩形断面（図 1.1-c）など様々な断面の製材（せいざい）が用いられる．この構法は，日本の伝統木造構法の流れを汲み，江戸時代に武家屋敷として集大成されたものに源を発し，明治の中

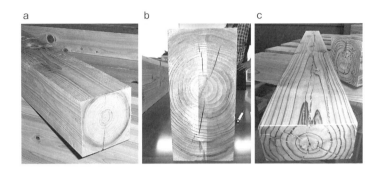

図 1.1 ●在来軸組構法住宅に使われる各種の軸部材（製材）
a：おもに柱に使われる正角材
b：おもに床や屋根の梁に使われる断面の大きな平角材
c：おもに筋違いや間柱に使われる平割材

頃から西洋の影響が入り始め，関東大震災（1923（大正12）年）以降，大都市を中心に洋式構法が取り入れられて，徐々に現在のような形に発展してきたという説[1,2]もある．なお，現在の「在来軸組構法」は，昭和25年に設立された住宅金融公庫（現在の独立行政法人住宅金融支援機構）の標準仕様書に記載されている各部構造が造り方の手本となっている．

また，表 1.1 における「枠組み壁工法」とは北米から導入された住宅建築構法であり，「木質プレファブ構法」というのは，工場で各部構造を半ば組み立てておいて，現場で半完成の部品を組み合わせて家を完成させる構法である．

さて，製材という材料は，森から伐採された丸太を鋸で四角の断面に整形加工したもので，天然の木材の性質を色濃く受け継い

表 1.1 ●住宅における木造率と構法別の占有割合 [1.1)]

暦年	全住宅総計(千戸)	木造率(%)	在来軸組み構法(千戸)	枠組み壁工法(2×4)(千戸)	木質プレファブ構法(千戸)	木質構造合計(千戸)
1989(平成元年)	1,663	43.3	640 89.0 %	48 6.7 %	32 4.4 %	720 100 %
1991(平成3年)	1,370	45.5	545 87.4 %	45 7.3 %	33 5.3 %	545 100 %
1996(平成8年)	1,643	45.9	619 82.1 %	94 12.4 %	42 5.5 %	745 100 %
2001(平成13年)	1,174	44.5	419 80.1 %	77 14.7 %	27 5.2 %	523 100 %
2004(平成16年)	1,189	45.5	428 79.1 %	91 16.7 %	23 4.2 %	541 100 %
2007(平成19年)	1,061	47.6	388 76.8 %	99 19.6 %	18 3.6 %	505 100 %
2008(平成20年)	1,093	47.3	391 75.6 %	108 20.9 %	18 3.5 %	517 100 %
2009(平成21年)	788	54.6	325 75.6 %	91 21.2 %	14 3.3 %	430 100 %
2010(平成22年)	813	56.6	349 75.9 %	97 21.1 %	14 3.0 %	460 100 %
2011(平成23年)	834	55.8	353 76.0 %	98 21.0 %	14 3.0 %	465 100 %
2012(平成24年)	883	55.2	365 74.9 %	107 22.0 %	15 3.1 %	487 100 %

でいる．たとえば，天然の木材には樹木が生長する際必要不可欠であった枝の痕跡が残っている場合が多い．この痕跡は節と呼ばれ，製材を梁として利用する場合は強度を低下させる一因となる．そこで，製材を構造材料として利用する場合は，強度低下を十分見越した安全率を掛けて梁の断面は決定される．また，天然の木材には大量の水分が含まれている．そのため，木材を十分に乾燥させてから家を建てないと，住宅が完成した後に木材が乾燥して

柱や梁が反ったり，割れが発生したりといった不具合が発生する．現在ではこのような不具合を避けるために，住宅に使われる木材製品は十分な乾燥を行ってから使用するという習慣が住宅・部材メーカーに定着しており，使用中に不具合が発生する可能性は非常に低くなっている．以上のことから，現在では日本の住宅の35％近くにおいて，森から採れる天然の木材を注意深く加工・乾燥処理した上で，居住空間を支える軸組を形作っている．

一方，学校校舎，鉄道駅舎，図書館，集会所や体育館などの公共性の高い，規模の大きな建築物（イメージ例として図1.2を参照）を木材で建てるとなると，どういう事態が考えられるであろうか？

建物の規模が大きくなると，当然建物の高さ，幅，長さが大きくなり，屋根を構成する梁を掛け渡す長さ（以後この長さをスパンと呼ぶ）も非常に長くなる場合が多い．さらに，建物自体の重量も増加して，屋根や床を支える梁に作用する荷重も住宅の場合に比べて桁違いに大きくなる．地震が発生したときに建物が受ける力（地震力という）も，建物の自重が大きくなるとそれに比例して大きくなる．色々な要因が重なって，住宅規模の木造建築で通用した材料の使い方は，建物の規模が大きくなると通用しなくなる場合が多くなる．「それならば，鉄骨や鉄筋コンクリートで建物を造ればいいじゃないか」というのがこれまでの世の中の風潮であった．その結果，住宅以外の規模の大きな建築物は，ほとんど鉄骨や鉄筋コンクリートで建設されてきた．

しかし，20世紀末から21世紀の初めにかけて，CO_2に代表される温室効果ガスによる地球温暖化の問題がクローズアップされ

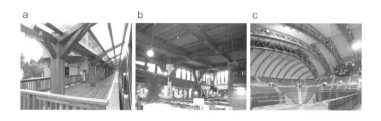

図 1.2 ●公共性の高い，規模の大きな木造建築物の例
a：鉄道駅舎
b：図書館
c：アイスホッケー競技場

てきた．日本の場合は，2020 年までに CO_2 の排出量を，1990 年のレベルに比べて 25 ％削減することを 2009 年に開催された国連での気候変動サミットで世界に公約[1.3]した経緯もあって，地球温暖化防止に対する取り組み姿勢は世界でも進んでいると言えよう．

このような背景を受けて，地球温暖化を少しでも緩和させる対策の一つとして，日本建築学会や日本木材学会が積極的に提言しているのは，できるだけ多くの木造建築物を都市部にも普及させて，建築躯体自身で CO_2 貯蔵を積極的に推進して，「都市の森林化」を進めようという考え方である．

木材は大気中の二酸化炭素（CO_2）と水（H_2O）を原材料とし，クリーンで当面は尽きることのない太陽エネルギーを活用した炭酸同化作用によってセルローズ鎖を作成し，それを無数に束ねて強度の高い樹木を形成し，木造建築に使われる主要な構造部材を提供してくれている．しかもその製造過程で有害な排気ガスを出すこともなく，逆に地球上のすべての生物に酸素を供給するとい

う有益な役割も演じている．さらに，建築物を解体・焼却しない限り，建築躯体内に炭素を貯蔵し続けることができる．

この「都市の森林化」の動きを強力に後押ししてくれる法律が平成 22 年 5 月 26 日に施行された．「公共建築物等における木材の利用の促進に関する法律」[1,4] である．この法律の特徴は，

・公共建築物については可能な限り木造化，内装等の木質化を図る．
・建築基準法等で耐火建築物とすること等が求められない低層の公共建築物について，積極的に木造化を促進する．

という目標を農林水産省と国土交通省という 2 大省庁がタッグを組んで謳っており，その積極的な実行をすべての地方行政庁に要請している所にある．

しかし，規模の大きな低層公共建築物を木材を使って安定的に建設しようとする場合，上述した様々な技術的な要因から，天然の木材だけに頼るには限界がある．そこで，後述する「集成材」と呼ばれる木材の薄い板を接着剤で何層にも張り合わせた力学的性能に優れた木質材料に大きな期待がかかっている．実は，図 1.2 に示した建築物の例はすべて集成材で柱や梁を構成した規模の大きな建築物である．

2 | 集成材とは：構造と特性

　集成材とは，厚さ 2 cm 〜 3.5 cm，幅 7.5 cm 〜 20 cm 程度の鋸挽きれた木材の板（これをラミナと呼ぶ）を最低 2 枚以上，各ラミナがほぼ平行になるように積み重ね，各々のラミナ同士を信頼性の高い合成樹脂接着剤で完全に一体となるように圧力を掛けて積層接着して完成させた材料である．図 1.3 の写真は長い集成材の梁を切断して意図的に木口面を見せたものである．

　英語では集成材のことを Glued Laminated Timber（GLT），すな

図 1.3 ●ラミナを何層も積層接着して完成した構造用集成材の断面

わち「接着積層された木材」と呼び，名前がほぼその体を表している．一方，名前が直接体を表していない日本語名「集成材」誕生の由来については，第 7 章をお読みいただきたい．

ラミナは天然の木材そのものであり，それをそのまま板材として使う限り，前述の天然木材特有の欠点がつきまとうはずである．しかし，あらかじめラミナ一枚一枚を十分に乾燥し，さらに節や目切れの部分を除去し欠点のない部分だけを接合し直すことで，含水率変化や組織構造の乱れによる強度変動を軽減することができる．さらにラミナ一枚一枚の力学的性質に応じて最も合理的な場所（層）にラミナを配置し，接着剤で一体化することによって，高い力学的性能を得ることができる．このようにして，集成材は天然の木材よりも力学的性能の変動が少ない工学的に信頼性の高い材料に生まれ変わることができたのである．以上のことを，別の角度からまとめてみよう．

1）一枚一枚のラミナが適正な含水率（12 % 程度）に人工乾燥されているので，断面の大きな集成材になっても内部まで乾燥が行き届いており，使用期間中に狂いや割れなどが起こりにくい．（全く起こらないわけではない）
2）節などの欠点は積極的に除去されており，相対的に力学的性能の低い低位等級ラミナはあまり力のかからない内層部分に配置される（図 1.4）．逆に，相対的に力学的性能の高い高位等級ラミナや中位等級ラミナは，力が沢山かかる外層部分に配置されることによって，完成した集成材は天然の木材に比べると，最も合理的に力を負担できるよう「構造設計された木

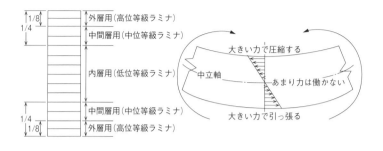

図 1.4 ●曲げを受ける集成材の断面内における力学的合理性の高いラミナの配置

質材料」，すなわち，エンジニアードウッドとなる．

さて，山から採れる原木丸太を鋸で挽いて収穫されるラミナの枚数をその力学的性能ごとに何段階かのグループに分けて集計すると，ふつう，図 1.5 の左側のグラフに示すように，高位等級ラミナの出現頻度が少なく，低位〜中位等級ラミナの割合が大半を占める．

このような中央にピークを持ち，両側に裾野が拡がった富士山のような形をした出現頻度の場合は，むしろ中・大規模な建築物の梁や桁のような構造用の大きな梁を製造するのに好都合といえる．その理由は，要求されるラミナの必要量と山から伐採される供給量がおおむね一致するので，資源を無駄なく活用できる可能性を示しているからである．

これまでの経験から，高位等級ラミナの出現頻度は必要量（少なくとも 1 本の集成材に必要なラミナ量の 1/4）を下回る傾向にあり，一つの樹種だけで高位等級ラミナから低位等級ラミナま

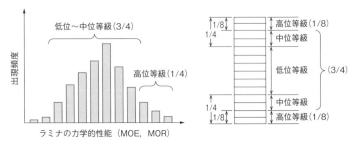

図 1.5 ●資源の供給量(ラミナの出現頻度)と集成材が要求するラミナの必要量 MOE はラミナのたわみにくさの指標(ヤング係数),MOR はラミナの曲げ破壊強さを表す.

でをすべて完全に賄うことが困難となる場合もある.特に相対的に力学的性能の低い我が国の造林スギの場合,このような傾向にある.ただし,そのような場合は,より高性能な別の樹種と組み合わせて,新しい種類の集成材を造る方法(樹種の違う木材を一つの集成材の中で混用することは原則的には認められていないが,異樹種集成材という特別の集成材も認可を受ければ製造可能である)も開発されている.

3 集成材の製造

集成材には様々な種類があり,その製造方法もそれぞれの種類によって少しずつ異なる.ここでは,学校校舎のように比較的規模の大きな木造建築物の梁材や桁材として利用することを目的と

した構造用集成材を製造する工程の一例を図1.6に示す．会社によっては，この説明とは異なる製造方法を採用しているところもあるので，ここで示す工程はあくまでも一例である．また，図1.7は，筆者が色々な場所で撮影した写真を，図1.6の製造工程に関する模式図に対応させて並べたもので，ある特定の集成材製造工場の製造ラインを示したものではない．構造用集成材の製造工程

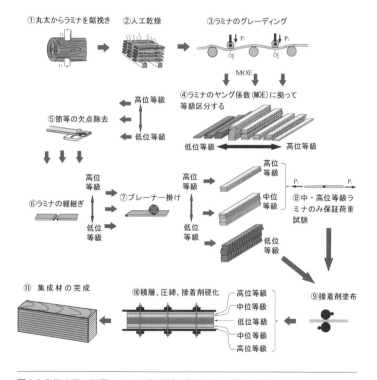

図1.6 ● 構造用の断面の大きな集成材を製造する工程の一例

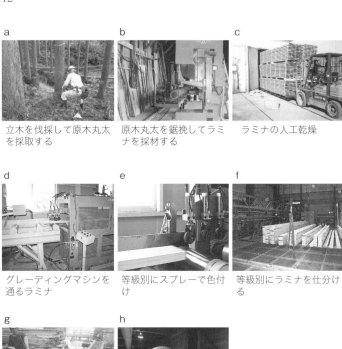

a 立木を伐採して原木丸太を採取する

b 原木丸太を鋸挽してラミナを採材する

c ラミナの人工乾燥

d グレーディングマシンを通るラミナ

e 等級別にスプレーで色付け

f 等級別にラミナを仕分ける

g ラミナに存在する欠点の除去

h 連続的に木材内部の欠点を自動検知する機械

図 1.7 ●構造用集成材の製造方法

フィンガー部分への接着剤塗布工程

フィンガー部の圧入・接着

プレーナーに通してフィンガージョイントの完了

保証荷重試験装置を通る高・中位等級ラミナ

ラミナへの接着剤の塗布

通直集成材の製造

湾曲集成材の製造

移動式ベルトサンダー

回転式大型プレーナー（自動鉋盤）

は，大きく11の段階からなる．以下の文章における①などの番号は，図1.6中に示す番号と対応している．

① 森林で育った原木丸太を伐採し（図1.7-a），製材工場で厚さ2 cm〜3.5 cm，幅7.5 cm〜20 cm，長さは様々なラミナと呼ばれる挽き板を製材する（図1.7-b）．鋸で板を挽くという行為が重要で，大型のナイフで丸太を剝いて単板を採る合板などとは材料の使い方が根本的に異なる．

② 伐採直後のラミナは自身の重さの2倍近い重量の水分を含んでいるので，高温の空気の中にラミナを置いてその大部分の水分を蒸発・乾燥させて，含水率を12％程度にまで低下させる（図1.7-c）．

③ ラミナをグレーディングマシンと呼ばれる連続的に曲げたわみを与えることのできる機械に通して（図1.7-d）たわみを連続的に測定し，たわみ量の大小に応じてラミナをいくつかのグループに区分する（このようなグループ分けを等級区分と呼ぶ）．

④ 通常，外部から区別できるように，等級別に異なる色を吹き付けて仕分けする（図1.7-e, f）．

⑤ それぞれの等級ごとに，ラミナに存在する節や腐れ，その他の欠点を除去する（図1.7-g）．会社によっては，木材内部の欠点を高速で自動的に検知できる機械（図1.7-h）に通して，欠点を瞬時に発見し，その後欠点を自動的に除去する工程を導入している所もある．

⑥ それぞれの等級ごとに，短くなったラミナをフィンガージョ

イント^{注1)}と呼ばれる接着接合法によって再度一本の長いラミナに縦接合する（図 1.7-i〜k）．

⑦ さらに，それぞれの等級ごとに，フィンガージョイントで接合されたラミナをプレーナー（木材の表面を薄く切削する自動鉋（カンナ）盤）に通して平滑な表面に仕上げる（図 1.7-k）．

⑧ 低位等級のラミナはそのまま利用するが，大きな力を受ける可能性の高い高・中位等級ラミナについては，フィンガージョイントの強度性能を検査するため，決められた荷重（強度分布の下限値程度）を掛けて接合が破壊しないことを確かめる保証荷重試験（図 1.7-l）を行う．

⑨ ベルトコンベアーの上を流れていくラミナの表面に接着剤を均等に塗布する（図 1.7-i）．

注1）集成材のラミナは最初，第5章の注8に示すように，ラミナを長く斜めに切削した面に接着剤を塗って重ね合わせ，接着剤が固まるまで一晩中クランプしたまま静置してから次の積層接着の行程に移っていた（スカーフジョイントと呼ぶ）．

スカーフジョイントは接着強度の面では最も信頼性が高いが，木材を削り捨てる量が多く不経済である（図の一番下）ことと，完成まで長い時間がかかるのが欠点であった．そこで，接着面積を減少することなくスカーフジョイントを短く折りたたんで木材を削り捨てる量を極力減らしたフィンガージョイントが開発された．この方法は，ベルトコンベアーで材料を送りながら次々と木材を長く繋いで行けるので，非常に効率的で，現在ではほぼすべての集成材がこの接着方法でラミナを縦に接合している．

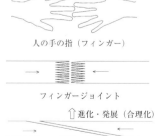

人の手の指（フィンガー）

フィンガージョイント

⇧ 進化・発展（合理化）

スカーフジョイント

⑩ 製造基準等で決められた通り，高位等級ラミナを外層に（全体の 2/8 程度），それより内側に中位等級のラミナを（全体の 2/8 程度），そして残りの内層部分には低位等級なラミナを配して積層・圧締・接着剤を硬化させる．図 1.7-n に示す集成材は通直な梁や桁を造る場合を示している．一方，曲がった集成材を造る場合は，図 1.7-o に示すように，型紙通りの形に配置された鋼製の枠にラミナを押し当てながら集成材を積層接着する．

⑪ およそ 1 日間圧締状態を保持した後，圧締圧を解放し，接着剤で汚れた集成材の表面を移動式ベルトサンダー（図 1.7-p）や，幅広の回転式プレーナー（図 1.7-q）で綺麗に加工した後，美しい木肌の集成材が完成する．

以上が中規模〜大規模な集成材構造に用いられる大断面の梁材や桁材を意識した構造用集成材の製造工程である．

本節の最初でも述べたが，構造用大断面集成材の他にも断面寸法や長さがある程度決まった範囲で量産される中断面集成材，木造在来軸組構法住宅の柱や土台などに使われる小断面の集成材，そして日本の集成材の元祖でもある造作用集成材（見栄えを重視した化粧用の集成材）なども収益の面からは極めて重要であるが，それらについては本書では扱わない．

これまでの一連の説明から，原材料の木材は樹体を維持するのに最適な形に構成された天然構造物であったのに対し，構造用集成材は，建築構造物の部材として使用する場合，構造物に作用する力に対して合理的に適応できるように，人間の手によって様々

な加工工程を経て，設計通りに最適な位置に，それぞれの要求性能を満たすのに最も相応しい力学的性能を有したラミナが再配置された人工再構成材料であることが分かる．

現代的な接着積層集成材は一朝一夕に登場したわけではない．この新しい木質構造部材が誕生し，現在のような高い信頼性を獲得するまでには，様々な工夫・発展・紆余曲折があった．

本書の第2章以降では，その長い道のりを，16世紀のヨーロッパまで遡って探索するとともに，現代的な接着積層集成材の誕生に繋がったと思われる様々な木製積層構造部材の使われ方や，その構法にまつわる興味深いエピソードを紹介してみたい．

第 II 章 | *Chapter II*

縦使い厚板構法の誕生

1 | デロームの大発明：円弧状縦使い厚板による屋根構造

　現代の集成材はラミナが水平に積層され，それぞれのラミナが合成樹脂接着剤で強固に接着されることで，ラミナ同士が相互にずれることなくひとかたまりの固体として大きな力に耐えることができる構造となっている．第1章で述べたように，梁として力を受ける場合は，梁の断面の外層ほど大きな力を受けるので，外層には良質なラミナを配置し，内層には比較的低質なラミナを配置することで，力学的に合理性の高い構造部材が出来上がる．

　一方，ヨーロッパの木質構造の参考書などには，必ずと言っていいほど，ラミナを垂直に積層した集成材も存在すると書かれている（図2.1）．この垂直積層形式の集成材は，水平積層集成材のように梁せい方向に性能を変えることができないので，あまり力学的合理性が高いとは思えない．実際，少なくとも筆者自身は，梁や桁として垂直積層集成材が使われているのを見たことがなかった．しかし，ヨーロッパには古くからラミナを縦使いした木製アーチ構造の歴史が根付いており，少しうがちすぎかもしれな

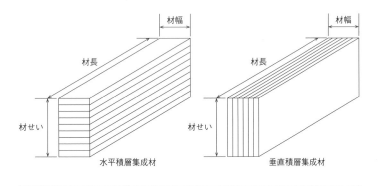

図 2.1 ●水平積層集成材と垂直積層集成材

いが，この事実が，あるいは，垂直積層集成材の存在に違和感を持たない環境を生んでいるのかもしれない．

　ラミナを縦使いした木製アーチ構造の誕生は 16 世紀のフランス・ルネッサンスの時代に遡る．垂直積層木造アーチ構造を長さの短い円弧状の木材の厚板を縦使いに積層して造り上げる建築構造形式が，一人の天才的な建築家によって提案された．

　その建築家の名前は，フィリベルト・デローム（Philibert de l´Orme：1514?-1570）という．その生誕年は厳密には不明であるが，1514 年あるいはその翌年にフランスのリヨンで生まれたとされている．彼の父親は石造建築の頭領で，彼も父から石造建築を学んだ．20 代の頃イタリアで古美術を学んだ後フランスに戻り，石造城郭や教会の建築で実績を積んだ．その後，フランス王ヘンリーⅡ世の庇護を受け，王室付きの建築設計・建築理論の専門家[2.2]となり絶頂期を迎えたが，同時に様々な教会の聖職を歴任したと伝えられている[2.3], [2.5]．

文献 2.1 より転載

図 2.2 ●フィリベルト・デロームの肖像画

 しかし,ヘンリーⅡ世が没すると,彼はすべての特権を失い苦境に陥る.そこで彼が取った巻き返しの行動が,建築構法に関する本を出版することであった.その内容は彼の専門であった石造りの重厚な建築構法に関するものではなく,短い木材を円弧状にカットし,それらを次々に繋ぎ合わせて長大なスパン(梁の支点から支点までの距離)のアーチ屋根を掛け渡すという,それまで誰も考え付かなかったユニークな建築構法に関するものであった.

 フランスのカルバドス県の地域文化財局がそのホームページで公表している情報[2.5]や,フィリベルト・デロームの木製アーチ屋根構造の研究書[2.2), 2.6)]を参考に,彼の発明した円弧状縦使い厚板を用いた屋根構造の造り方を筆者なりに推察してみたい(図 2.3,図 2.4 参照).

① 最初に短い丸太から厚板（plank）を採材する．ただし，16世紀のフランスにおいてどのようにして厚板を生産していたのかは明確ではない．
② 建物の規模に応じて厚板の曲率を算出し，その曲率に沿って厚板を円弧状に切り出す．
③ 厚板の両端部には凹型のほぞ穴を，中央部には矩形のほぞ穴を加工する．
④ 円弧状厚板を次々と繋げ，また穴の位置が合うように 2 枚もしくはそれ以上の枚数の厚板を厚さ方向にも縦使いに重ねていく．すると，一定間隔ごとに矩形の穴が円弧状厚板の中央線に沿って現れる．
⑤ 矩形のほぞ穴に横から lierne（リエルネ）[2.4] と呼ばれる結合部材を貫通させる．
⑥ 厚板とリエルネの結合部の両側に木材の栓を打ち込み，縦使い厚板同士の密着性を強固なものとする．

文献 2.2, 2.6 には，⑤〜⑥の円弧状縦使い厚板を積層してアーチを構成する建築工法について詳しく解説されている．⑥の木栓による固定は，リエルネを貫通させただけでは円弧状縦使い厚板を積層した複合部材に十分な密着性が生まれないことを考慮したものであろう．

以上が，筆者の推察をまじえて再現したフィリベルト・デロームの発明した木製アーチ屋根構造の構築手順と耐力発現機構である．

木材の専門家の視点で言うと，木材の板をその繊維走行の方向

第Ⅱ章 縦使い厚板構法の誕生　23

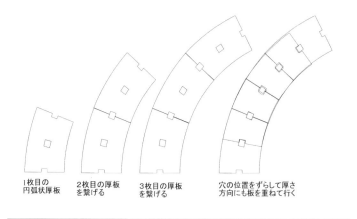

1枚目の円弧状厚板　2枚目の厚板を繋げる　3枚目の厚板を繋げる　穴の位置をずらして厚さ方向にも板を重ねて行く

図 2.3 ●筆者の推察する円弧状縦使い厚板を用いた屋根構造の造り方

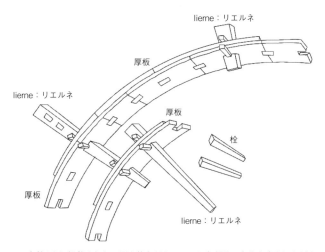

文献 2.2 に掲載された元図を筆者がトレースし各部品の名称を書き込んだもの

図 2.4 ●円弧状縦使い厚板を用いた屋根構造

を無視して円弧状に切り出すことは「構造部材を製造する目的であれば，避けるべき行為」である．それは，木材の繊維の切れ目が円弧に沿って出現し（このような状態を「目切れ」という），もし厚板を縦使いのまま曲げようとする力が作用すると，目切れ部分から，割り箸を割るように，木材はいとも簡単に破壊してしまうからである．したがって，木造建築の専門家であれば，構造部材の木取りをする場合は，このような繊維方向を無視した木取りは避けるのが普通である．

　しかし，ここで注目すべき点は，フィリベルト・デロームの本来の専門が石造アーチ構造の建築設計[2.2]であったことである．彼は，石造りのアーチを設計するのと同じ発想で，木材の円弧状短尺材をアーチ状に連結することによって，各部材には石造りのアーチの場合と同じ圧縮力のみが発生すると考えた．たとえ目切れがあってもそれほど心配することではなく，各接合面を通じて圧縮力が木口面（木材を切断した時年輪が見える面）から次々と伝達されて，いくらでも大スパン（支点から支点までの距離）の屋根構造が展開できると考えたようである．

　デロームの木造アーチ構法について論文を発表したリディア・ハーマン[2.2]は，「デロームは石積みアーチと同じように，円弧状縦使い厚板の接合面は変形することのない頑丈な接合で，この部分（接合面）が構造上の欠点になるとは考えていなかった」と記述している．

　フィリベルト・デロームは彼の発明した木造ドーム建築構法によって，図 2.5-a 〜 d に示すような様々な形状のアーチ屋根構造を，小規模なものから最大 400 m スパンの橋に至るまで，自由に

第Ⅱ章 縦使い厚板構法の誕生

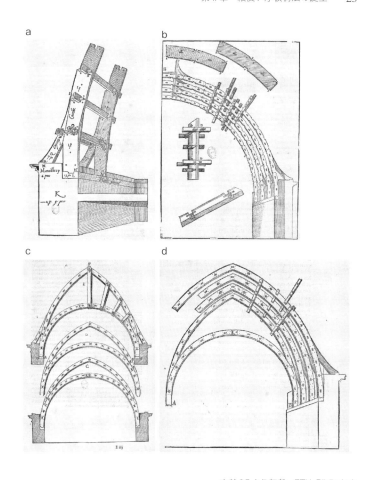

文献 2.7 より転載,ETH-Bibliothek

図 2.5 ●フィリベルト・デロームの提案による各種アーチ屋根構造
a:アーチ柱脚部の例
b:アーチ屋根構造の一例
c:色々な形状・構成のアーチ屋根
d:アーチ屋根構造の一例

造ることができると考えていた．ただし，フィリベルト・デローム自身が設計し，生存中に建設されたアーチは最大で 19.5 m であった[2.2]．

現在の力学の知識で考えると，アーチといえども荷重のかかり方によっては材料を曲げる力が卓越することはいくらでもあるので，円弧状の短尺木材を次々に繋いで大規模な木造アーチ構造を造ることは，原則的には推奨されないであろう．しかし，石造りのアーチが当たり前の時代において，木材を繋ぎ合わせて長大なアーチを構成し，さらにリエルネを用いて屋根構造を3次元的に安定させるというフィリベルト・デロームの発想は，木材の力学に関する原則を超越した，優雅で夢のある天才的な発明であると筆者は感じている．

図 2.6 はフランスのカルバドス県の地域文化財局[2.5]が公表している現存するフィリベルト・デローム式アーチ屋根構造の状況を示す．図 2.6 の b から，リエルネは交互に入っており，母屋材が桁行き方向に連続して延びている現代風の屋根構造とはかなり趣が異なっている．またこれらの写真で見る限り，2 枚垂直積層された円弧状厚板アーチ材の間隔は 1 m 程度のようである．

筆者の個人的な感想で言うと，フィリベルト・デロームの発明した「両端と中央に矩形の穴を開けた部品を，長手方向に連結させかつ 2，3 層厚さ方向に積層すると凹穴と矩形穴が見事に一致し，その穴にしっかりとした連結材を貫通させ，さらに木栓で締め込む」という方法は，日本の伝統木造を支える大工棟梁もほれぼれする計算し尽くされた，美しい，見事な伝統木造建築の技法であると称賛せざるを得ない．

第Ⅱ章　縦使い厚板構法の誕生

文献 2.5 より転載．Service Territorial de l'Architecture et du Patrimoine

図 2.6 ●現存する円弧状縦使い厚板を積層した屋根アーチ構造の状況
a：Ｓ字型のアーチ屋根構造
b：互い違いに配置されたリエルネ
c：栓留めの状況

　先にも述べたように，フィリベルト・デロームは，彼の後ろ盾であったヘンリーⅡ世の没により，宮廷建築士の職や教会の聖職を失った[2.5]．そこで彼は苦境から逃れるため，そのユニークな円弧状厚板構法をヨーロッパ中に広めようとして，今日でこそ有名な著書『Nouvelles inventions pour bien bastir et a petits fraiz』[2.7]（英語訳：How to Construct Building Well with a Small Expense[2.3]，筆者和訳：いかにしてわずかな出費でうまく建物を建築するか）を 1561 年にパリで出版している．しかし，彼の天才的かつ合理的な建築構法は彼が期待したほどには世の中に受入られることはなかった．その卓越した木造建築構法が再評価されるのに，彼の没後 200 年の歳月を経なければならなかった[2.2]．

　彼の卓越したアイデアは，今日の価値観から見ると，大いに評価されるものである．しかし，差し迫った木材の資源問題もなく，石造アーチ全盛の時代においては，円弧状短尺厚板木材を用いて経済的で軽量なアーチを造るメリットが周囲に十分理解されなかったのであろう．また，国王の絶大な権力を背景としたデロー

ムの威光に対する嫉みや反発もあって,反対派から疎まれていたため[2,3]，意図的にそのユニークな建築構法までもが否定されたこともある程度は否めないであろう．

デローム自身はその木造アーチ構法の発展をその目で見ることなくこの世を去ったわけであるが，彼の発明した円弧状縦使い厚板を用いるアーチ屋根構造は，その数学的な緻密さと，発想の素晴らしさから，現代においても十分活用できる木材建築構法であると筆者は感じている．その評価できる点を再度まとめると以下の3点を挙げることができる．

① 短い木材の厚板を利用して，大スパンのアーチ屋根構造を掛け渡すことができる点．
木材資源の有効利用とプレファブ構法の合理性を兼ね備えた非常に優れたアイデアであり，木質構造の研究者として，このような考え方が16世紀のフランスで提案されていたことに大きな感銘を覚える．
② 部品はすべて「木材」だけで構成されている．木材の短尺円弧状厚板，リエルネ，楔だけで構成されている．日本や中国，台湾，韓国などの伝統木造の架構技術にも通じる，「匠の技」を駆使した木造建築構法である．
③ 厚板の向きを様々に組み合わせることによって，一定の曲率を持った湾曲型の屋根構造だけではなく，途中からS字型のカーブを描く様々なデザインの屋根構造も設計可能である．

いずれにせよ，彼の非常にユニークな建築構法は彼の死後200

第Ⅱ章 縦使い厚板構法の誕生

年の歳月を経て、フランスで脚光を浴び、彼が期待した通り、ヨーロッパの各国に伝わり、その後海を渡ってはるか遠い南米のラテンアメリカ諸国にも伝わるのである．

2 ヨーロッパでのその後の発展

(1) パリ穀物倉庫の建設

18世紀中頃のフランスのパリでは、トウモロコシなどの穀物の交換（貯蔵）は、図2.7のような円弧状の回廊で囲まれた建造物の中で行われていたようである[2.8]．遮蔽が十分ではないこのような構造では、当然穀物の質は劣化しやすかったので、フラン

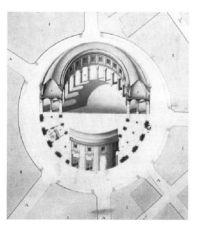

文献2.8より転載

図2.7 ●ドーム屋根が付く前の18世紀中頃のパリ穀物交換（貯蔵）所の姿

文献 2.12 より転載

図 2.8 ●アンドレ・ロウボの肖像画

ス政府はこの回廊構造物を大きなドーム屋根で覆う計画を立てた[2.9]．しかし，既存の回廊構造物の強度は不明であり，重たい石造りのドームを既存の回廊の上に建て増しすることは不適切であると判断された[2.9]．代わって，軽くて相対的に強度の強い木造のドームを回廊構造の上に建て増しするというアイデアが持ち上がった[2.9]．そこで白羽の矢が立てられたのが，フィリベルト・デロームがおよそ200年前に発明した円弧状縦使い厚板によるアーチ屋根構造であった．

　ドーム屋根構造の設計には建築家のレグランド（Jacques-Guillaume Legrand：1743-1808）[2.10]とモリーノ（Jacques Molino：1743-1831）[2.11]が共同であたり，木造ドームの実際の建て方は大工棟梁のアンドレ・ロウボ（André Jacob Roubo：1739-1791）[2.12]

第Ⅱ章　縦使い厚板構法の誕生　31

文献 2.12 より転載

図 2.9 ●松の木の厚板を採材するための縦挽き作業

に一任された（図 2.8 参照）.

　大工棟梁のロウボは，松の木の短尺丸太から縦挽き鋸によって厚板を採材し（図 2.9 参照．ただし，この図は当時の木材の縦挽きのイメージを示すもので，パリ穀物交換所建設に使われた材料を挽いている状況を直接示したものではない），フィリベルト・デロームが考案したユニークな「円弧状縦使い厚板によるアーチ屋根構法」を 200 年ぶりに復活させた．

　図 2.10 はパリの穀物交換所の巨大な円形ドーム屋根構造の断面図である．この図を見ると，円弧状縦使い厚板の連結方法がおよそ 200 年前のデロームの提案した方法と少し違っていることが分かる．デロームの提案した連結方法は，図 2.3 で説明したように，厚板の両端部分の中央一カ所に凹型のほぞ穴を開け，材中程の中

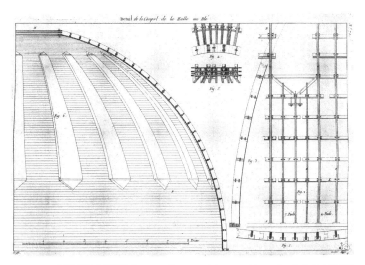

文献 2.13 より転載 Cnum — Conservatoire numérique des Arts et Métiers

図 2.10 ●1783 年に完成した円弧状縦使い厚板構法によるパリ穀物交換所の木製ドーム屋根構造

央部に矩形のほぞ穴をさらに加工して，厚板を次々連結し厚み方向にも積層していくものであった．一方，ロウボが採用した方法は，厚板の両端2カ所に凹型のほぞ穴を一定の間隔をあけて開け，材中程の中央にも1カ所矩形のほぞ穴を開けるというものであった．ロウボの方法では厚板の連結部分の2カ所に離れて形成される矩形ほぞ穴にリエルネを2本差し込むことができるので，骨組がねじれたり曲がったりする動きに対してより頑丈に抵抗することができる．そのため，デロームが考案した厚板の辺の中央1カ所にリエルネを差し込む方式よりも，より一層がっしりとした骨組を作ることができるので，おそらくドーム全体の横方向への変

形も，デロームのオリジナルの構造よりは，少なくなったものと推定される．やはり，スパン39.5m，高さ38mという巨大な木造ドームを成立させるために大工棟梁のロウボは色々考え，規模の大きなアーチ構造により適した連結方法を考案したものと推定される．図2.10を見る限り，屋根面の明かり取り用のネクタイのような形の窓の両側に4枚の厚板が積層された主要なアーチが配置され，その2本の主要なアーチの間には3枚の厚板が積層された副アーチが等間隔に挿入されて一つの構造単位が形成されている．そして，この構造単位が円周上をぐるりと一周することで，大規模な木製ドーム屋根構造が構成された．

大工棟梁のロウボは，彼の考案した厚板の連結方法を駆使して，スパン39.5m，高さ38mというパリの穀物交換所の巨大な円形ドーム屋根構造を，わずか1年（1782年～1783年）という短い施工期間で完成させたと言われている[2.8]～[2.12]．

ところで，このような大型の木製ドームはどのようにして建設されたのであろうか？　その疑問に対して，多くのヒントを与えてくれるパリ穀物交換所の木製ドームを建設するために用意された足場の図面が残されている．図2.11に示す図面はフランスの18世紀～19世紀の様々な構造物の構造やその足場の組み方などを克明に記録したジャン・チャールス・クラフト（Krafft, Jean-Charles：1763-1833）の著書[2.14]から引用したもので，パリ穀物交換所の木製ドーム屋根工事現場の木製足場の詳細を今に伝える貴重な資料である．なおこの資料は，クラフトの死後の1856年に発行されたものである．図2.11-bによると，高さ38mの木製ドームを建築するために，ドームの中央部にドームの高さに匹敵する

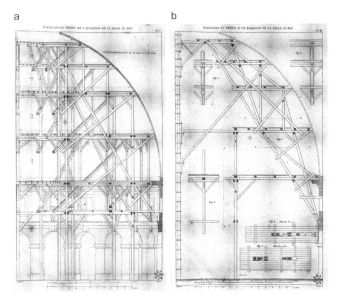

文献 2.14 より転載．Cnum-Conservatoire numérique des Arts et Métiers

図 2.11 ●パリ穀物交換所の木製ドーム屋根工事現場の木製足場

頑丈な木製組立柱が設置された．その組立柱は，比較的断面の大きな短尺の木材を 3 層互い違いに組み合わせ，鉄のバンドのようなもので一体化されたものである．そして組立柱の中央辺りに支点となる別の短尺部材が追加され，そこを支点としてドームの屋根面に向けてかなり長い筋交い状の木材が雨傘の小骨のように放射状に配置された．さらにこの支点の位置とほぼ同じレベルの屋根面に近い部分に作業用のステージがドーナッツ状に設置され，同じような作業ステージがより上のレベルにもドーナッツ状に配置された．また，それらの作業ステージを支えるために，中央の

組立柱以外にも，組立柱よりは断面の小さな一本ものの木製の柱が何本も建てられ，相互に筋交い材や横架材を掛け渡して安定した3次元軸組構造が形成された．このような安定した作業用足場を使って，デロームのオリジナル構造にロウボがより性能向上を考えて工夫を加えた円弧状縦使い厚板構法による木造アーチ屋根構造が建設されたことが，これらの2枚の足場図面から読み取ることができる．

このパリの穀物交換所の木製ドームは，残念ながら，1802年に火事によって崩壊した．その後，1806年にドームは鉄を使って再建が開始されたが，この時は完成までに5年の歳月が費やされたと言われている．[2.8]

（2）デビット・ギリーによる円弧状縦使い厚板アーチの近代化

円弧状縦使い厚板によるアーチ構法をさらに実用的な構法としてヨーロッパ各国に拡大・発展させたのは，ドイツの建築家デビット・ギリー（David Gilly：1748-1808）（図2.12参照）であった[2.1],[2.17]．彼はプロイセン王国のユグノー（フランス宗教改革派をルーツとし，本国を追われプロイセンなどに逃れてきた商工業に秀出た人々）の家庭に生まれたプロイセンを代表する建築家で，実務的・実用的な建築技術を普及させた功績が高く評価されている[2.15]．

デビット・ギリーは，フィリベルト・デロームが著したフランス語の本『いかにしてわずかな出費でうまく建物を建築するか』[2.7]の内容を，自らの考え方を加えつつ，ドイツ語に翻訳した[2.1]．

文献 2.15 より転載

図 2.12 ●デビット・ギリーの肖像画

デビット・ギリーの業績については，建築史専門家のリディア・ハーマンの論文[2.1)] に詳しい解説が述べられている．ハーマンによると，16 世紀のフィリベルト・デロームの時代には，円弧状縦使い厚板の「材せい」（梁を横から見た場合の高さ，図 2.1 参照）が最低何センチ必要かという力学的な考察はなかった．しかし，デビット・ギリーはその点について考察を加え，1801 年に著した彼の本に，最低 25.5 cm の材せいを有する円弧状縦使い厚板を用いるように推奨した．また，パリの穀物貯蔵所の屋根を覆うドームを設計した設計家レグランドと会見し，フィリベルト・デローム型の木造ドームは水平に変位しがちであるので，建設後の定期的観察が必要であるという事実を知り，円弧状厚板の厚さをより厚くすべきであると推奨した．さらに大雪が降った地方で，フィリベルト・デローム型の木造ドームが何軒か崩落するという事故

第Ⅱ章 縦使い厚板構法の誕生

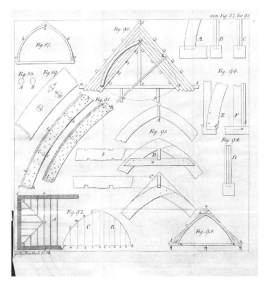

文献 2.17 より転載, Berlin State Library-PK

図 2.13 ●デビット・ギリーの提案した円弧状縦使い厚板屋根構造

が発生したことを受け，デビット・ギリーは円弧状縦使い厚板同士を垂直に並べて積層するために，フィリベルト・デロームが提案した「リエルネ」と「木栓」を使うという優雅で伝統的な接合方法を廃し，図 2.13 に示すような「釘」や「ボルト」などの鉄製の接合具を用いるという「熟練した匠の技を必要としない，より安全で実用的な方法」を提案した．

図 2.13 は，19 世紀のドイツ・ババリア地方における円弧状縦使い厚板アーチ屋根に関する論文[2.16]の中で紹介されていたもので，デビット・ギリーがとりまとめた様々な木造アーチ屋根構造

の部材および接合部の納まり具合を示したものである．図の中央左側のところに円弧状縦使い厚板を用いた2種類のアーチ部材のスケッチが見える．これら2種類のアーチに関するスケッチから，デロームの「大工の技に頼った伝統的木組み技術による厚板の連結方法」に疑問を抱いたギリーは，施工者の技量によって性能が左右されるリエルネではなくて，誰が施工しても安定した性能が発揮される釘とボルトという現代的な接合方法を用いて厚板を連結・積層することを推奨していたことが分かる．

　ギリーが提案したもう一つの重要な点は，あるいはこの提案こそ構造力学的にはより重要なものであったと思えるが，円弧状縦使い厚板アーチに加えて，直材（真っ直ぐな木材）による垂木をアーチに接するように掛け渡し，さらに直材の斜めの支柱をボルトでアーチに固定するなどして，厚板アーチと直材の垂木や斜め支柱が一体となった，総合的により構造安定性の高い頑丈な屋根構造を提案したことであった[2.1), 2.16)]．図2.14はギリーが提案したより重要な建築構法上の改良点が明確に示された建築物の例で，1818年にベルリンのフサレン通りに建設された乗馬訓練場の骨組構造である[2.18)]．この乗馬訓練場の骨組構造について解説を加えたミュンヘン連邦軍事大学 Stefan Holzer 教授らの論文[2.16)]によると，最初は三角屋根の斜めの直線形状を出すため，補助的に加えられていた垂木が徐々に円弧状縦使い厚板アーチと一体化するように進化し，結果的には斜めの垂木をボルトでしっかりとアーチ材に結合してこれらを一体化した屋根構造で建物をより頑丈に構成していくスタイルがギリーによって確立されたようである．なお，図2.14を詳細に見ると，円弧状縦使い厚板同士の水

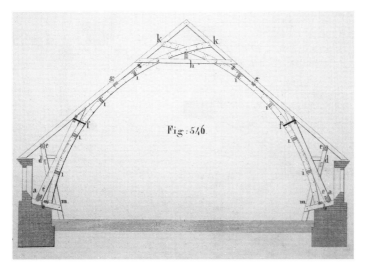

文献 2.18 より．図面の提供はミュンヘン連邦軍事大学 Stefan Holzer 教授のご厚意による

図 2.14 ●デビット・ギリーが提案した屋根構造の一例

平移動を拘束するために，図中「l」という記号で示された黒く塗られた水平安定材が紙面に垂直方向に一定間隔で挿入されており，その水平安定材と水平安定材の間には釘のように見える比較的直径の小さな接合具が厚板の上下にペアで規則正しく配置されているのが見える．このように上下にペアで釘を規則的に配置する考え方は，現代的な木材工学の教えに照らして考えると，接着剤を用いずに釘だけで縦使い厚板アーチをできるだけ変形を少なく，またできるだけ強度性能を高めるために選択される最適な方法であろう．

　ギリー型の実務的な屋根構造は，デビット・ギリーの没後もド

イツ国内の他の建築家によって改良が加えられ，第4章で詳しく述べるフランス陸軍所属の建築家アーマンド・ローズ・エミーが19世紀初頭に提案した水平積層機械的積層材による屋根構造の影響も受けて，さらなる発展を遂げた．

（3）デビット・ギリー後のさらなる発展

図2.15はデビット・ギリーに学んだシンケルが設計し，1831年にベルリンで建設されたアルブレヒト王子の乗馬訓練場の骨組み構造を描いた図面である[2.19]．このシンケルが設計した乗馬訓練場の屋根構造は，図2.14のギリーによる乗馬訓練場の屋根構造に比べて，かなりスッキリとした洗練された構造形態に見える．構造上重要でかつ必要な部材が厳選され，それらが整然としかもデザイン的にも美しく配置されている．ギリーが試行錯誤して編み出したアーチと直材を組み合わせてより安定した全体構造を造り出す方法は，ギリーの後継者達によってより完成度の高いものに進化したのであろう．

なお，図2.15の乗馬訓練場の骨組み構造は，アーチ部材が円弧状縦使い厚板を釘打ちして積層している点が違うだけで，垂木の配置や水平方向や半径方向に配置された補助部材の構成は後の4章で述べるエミー型の屋根構造と共通する部分が多い．この頃になると，情報の伝達もより早くなっていたと考えられるので，良いところはお互い積極的に取り入れるようになってきたのではないだろうか．

デビット・ギリー型のアーチ構造は建築物だけではなく，橋梁分野の一部においても成功を収めたようである．図2.16はフラ

第 II 章　縦使い厚板構法の誕生　41

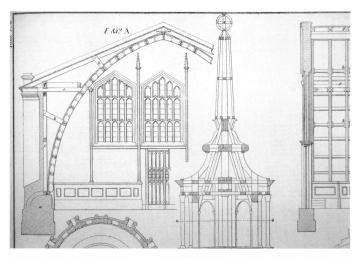

文献 2.19 より．図面の提供はミュンヘン連邦軍事大学 Stefan Holzer 教授のご厚意による

図 2.15 ● シンケルが設計したアルブレヒト王子の乗馬訓練場（ベルリン，1831 年）

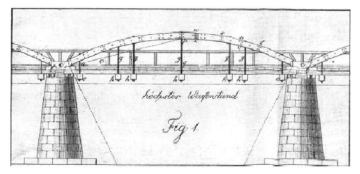

文献 2.20 より転載，ETH-Bibliothek

図 2.16 ● 円弧状縦使い厚板を釘打ちした 1 径間 16 m のアーチで構成されたブンテ橋（1800 年）

ンツ・エルンスト・セオドア・フンクによって設計され，1800年にドイツのミンデン近くに建設されたブンテ橋の設計図である．橋の上弦材（弓の弦のような形をした部分）として，円弧状縦使い厚板をボルト締めした1径間（橋脚の中心から中心までの距離）16mのデビット・ギリー型円弧状縦使い木材積層アーチが使われ，合計6連，全長96mの橋を構成している．橋が建設されてから30年後に調査した結果では，変形性能に問題はなかったようである[2.1]．

現存し，今なお活用されているギリー型のアーチ構造で建設された建物がいくつかある．その一つが，ベルリンのフンボルト大学の動物解剖学教室である（図2.17）．この建物は，ベルリンのブランデンブルグ門[2.23]の設計で有名なカール・ゴットハード・ラングハンス[2.22]によって設計され，デビッド・ギリー型の円弧状縦使い厚板釘打ち構法によって1787年から1790年にかけて建設された．図2.17を見る限り，円弧状縦使い厚板アーチは釘打ちで積層されたのか，あるいはボルトが使われたのか，明確には判断ができない．また，アーチ材とアーチ材の間に配置されたラチス状の部材が木材なのかその以外の材料なのかも写真からははっきりしない．いずれにせよ，かなり装飾を施した重厚なアーチ屋根構造で，解説がない限り，木造建築物とは思えない建物である．

なお，この建物は現在，フンボルト大学における文化やテクノロジーの展示スペースとして活用されている．ベルリン最古（築200年以上）の現存する歴史的建造物である[2.21]．

もう一つの現存するデビット・ギリー型のアーチ構造建築物の

第Ⅱ章　縦使い厚板構法の誕生　43

文献 2.21 より転載

図 2.17 ● 1909 年当時に撮影されたベルリンのフンボルト大学の動物解剖学教室の写真

例は，スペインの巨匠アントニオ・ガウディが，1878 年から 1882 年にかけてマタロー労働者共同組合（La Cooperativa Obrera Mataronense）から請け負って設計したいくつかの建物の中の，現存する 1 棟である [2.24]。その建物について研究したマニュエラ・マトーネの報告 [2.25] によると，アントニオ・ガウディが設計した建物のアーチ材には，「メリス」と呼ばれる強靱な松の木から採材された短尺の円弧状縦使い厚板が使われており，外側 2 層の円弧状木材は厚さ 6 cm，内側の 1 枚は厚さ 10 cm，長さは最大で 1.5 m で，これら 3 層の厚板がボルトで一体化されてデビット・ギリー

文献 2.24 より転載

図 2.18 ●アントニオ・ガウディ設計の工場に使われたデビット・ギリー型アーチの 1882 年創建当時の様子

型のアーチ屋根（図 2.18 参照）を構成している．なお，この歴史的に重要な建物は，近年大がかりな修復作業を経て復元され，現在ではスペイン・カタロニア地方の芸術を紹介する不定期の博物館として新しい役割を演じている[2.24]．

　図 2.19 はスペイン・マドリード工科大学のフェルナンデス・カボ教授が撮影した，復元されたマタロー労働者共同組合の建物の内部と外部写真である．

第Ⅱ章　縦使い厚板構法の誕生

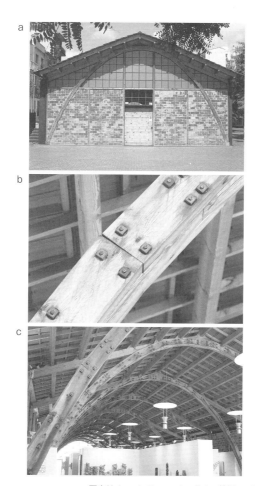

写真は Jose L. Fernandez-Cabo 教授のご厚意による

図 2.19 ● 復元されたアントニオ・ガウディ設計の建物．現在は博物館．
a：建物正面外観
b：3層の縦使い厚板をボルトで結束して構成されたアーチの近接写真
c：復元された建物の内部の状況

カボ教授はヨーロッパの木橋構造や建築構造物の歴史を構造的な面から追究している研究者である．その教授から，現存するデビット・ギリー型のアーチ構造のもう一つの例として，デンマークのコペンハーゲン鉄道駅が挙げられると教えられた．教授が送ってくれたコペンハーゲン鉄道駅の写真（図2.20-a）を見ると，真ん中の桁行き方向アーチは確かにデビット・ギリー型の等厚3層の厚板が縦使いに積層されていることが確認できる．さらに横から見た写真（図2.20-b）のボルト配置とガウディ設計の図2.19-a，bのボルト配置との間には類似性が認められる．筆者はこれまでコペンハーゲン鉄道駅のアーチは5章で取りあげるスウェーデンのマルモ駅（海峡を鋏んで対岸の町の駅）と形や雰囲気が似ていることから，てっきりオットー・ヘッツアー型集成材アーチ架構であるとばかり思っていた．しかし今回，実はデビット・ギリー型の厚板縦使いアーチ構造であったという情報を得て，集成材のたどってきたみちの複雑さを再認識した次第である．

最近においても，デビット・ギリー型木造アーチ構造に関する力学的研究は継続されている．2012年にニュージーランドで開催された世界木構造大会において，デビッド・ギリー型木造アーチの構造実験に関する発表が行われた（図2.21）[2.26]．研究代表者は先述のカボ教授である．この実験では厚板縦使いアーチの基本的な力学的挙動を調べるために，木ネジで接合された2枚の直線状の厚板を用いてアーチが構成された．試験体はこのネジ留めされたアーチを2連平行に並べて，横に倒れないように互いに斜めの材料（筋交いという）で固定した状態で行われた．実験の終局的な目的は，南米ペルーのリマに現存しているギリー型アーチ

第Ⅱ章 縦使い厚板構法の誕生　47

写真は Jose L. Fernandez-Cabo 教授のご厚意による

図 2.20 ● デンマークのコペンハーゲン鉄道駅
a：厚板3層縦使い木製アーチの断面構成がよく分かる下から見上げた写真
b：ボルト配置がよく分かる横から見た写真
c：駅舎の屋根構造全体を撮影した写真

文献 2.26 より.写真は Jose L. Fernandez-Cabo 教授らのご厚意による

図 2.21 ●マドリード工科大学で実施されたデビット・ギリー型木造アーチの構造実験の例

構造の修復設計に必要な技術的データを得ることであった(後述).

図 2.21 に示す実験は,2 連並列に配置されたアーチの片側だけに荷重を掛けるという少し珍しい種類の実験で,アーチに一定間隔で取り付けたポリ容器の中に少しずつ質量を増やしていくという加力方法が採用された.このような方法で荷重をかけるのは,片方のアーチだけに長期間荷重が作用するという不安定な状態に置かれた場合,アーチがどのように変形するのかを見極めることが目的だったのではないかと推定される.

カボ教授らの論文[2.26]によると,かつてスペインの統治下に置かれていた南米のラテンアメリカ諸国では,最初はヨーロッパの例に倣って石造りのアーチが建設されていたらしい.しかし,石

文献 2.26 より転載，Pedro A. Hurtado-Valdez

図 2.22 ●ペルーのリマに現存するデビット・ギリー型木造アーチによる教会の修復工事の様子

造アーチ構造が地震に弱いことが判明し，代わって，木製アーチ構造がヨーロッパから導入された．中でもデビット・ギリー型木造アーチを用いた建物が数多く建てられた．

現在，それらの文化財建造物の多くが大規模修復の必要性に迫られて，修復工事が進められている（図 2.22）．しかし，修復・復元に必要な力学的なデータが十分ではないため，先述したように，基礎的な構造実験が元の統治国であるスペインの大学の協力の元に行われ，それらのデータは修復設計に活かされている．

16 世紀中頃にフランスのフィリベルト・デロームが発明し，

19世紀初頭にドイツのデビット・ギリーによって思い切った構法の近代化と合理化が行われ，その後広くヨーロッパや南米のラテンアメリカ諸国にも普及した「円弧状縦使い厚板によるアーチ構法」は，最新の木構造科学によって，さらに後世へと引き継がれようとしている．

第Ⅲ章 | *Chapter III*

水平積層アーチの誕生

　ドイツのクリスチャン・ミューラーの集成材に関する本[3.1)]によると，現在の接着積層集成材の誕生に大きな影響を及ぼした技術として，第2章で紹介したフランス・ルネッサンス期の建築家フィリベルト・デロームによる「円弧状縦使い厚板による屋根構造」の技術と，後に紹介するフランスのアーマンド・ローズ・エミー大佐が発明したとされる水平積層アーチ構造技術の二つが挙げられている．言い換えると，デロームの円弧状縦使い厚板による木造アーチ構造が「垂直積層アーチ」の元祖と位置づけられ，エミー大佐の発明が「水平積層アーチ」の元祖と位置づけられている．

　しかし文献調査を進めていくうちに，エミー大佐の水平積層アーチ構造よりも前に，橋梁の分野において，大工棟梁や橋梁技術者による木材を使った水平積層アーチ構造が先行開発されていたことが分かった．

　学術的に厳密な検証は後世の専門家の判断に委ねるとして，木材を水平に積層して機械的に（ボルトなどを用いて）結束することで大スパンのアーチを造る構法の真の創始者は，18世紀中頃

から19世紀初頭にかけて，スイスやドイツで活躍した橋梁分野の大工棟梁ならびに橋梁技術者ではないだろうか．

1 | 橋梁分野における機械的積層アーチ構造の発展

(1) 大工棟梁グリューベンマン親子の偉業

1764年から1766年にかけて，スイスのウェッチンゲン近傍のリマット川に，スパン61 mの木橋が架設された（図3.1）．この木橋は，機械的水平積層アーチ構法を用いた木橋としては最古の部類に属するもので，大工棟梁のハンス・ウルリッヒ・グリューベンマン（Hans Ulrich Grubenmann：1709-1783）[3.2]とその息子が工事を請け負った．図3.2にハンス・ウルリッヒ・グリューベンマンの肖像画を示す．

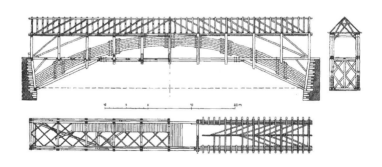

文献3.3より転載，ETH-Bibliothek

図3.1 ● 18世紀中頃にウェッチンゲン近傍に架設された機械的積層アーチ式木橋

文献 3.2 より転載

図 3.2 ●ハンス・ウルリッヒ・グリューベンマンの肖像画

　大工棟梁のハンス・ウルリッヒ・グリューベンマンの業績を詳しく調べたジョセフ・キラーが1942年にチューリッヒ工科大学に提出した博士論文[3.3)]にこの橋の一般図（橋の全体の形状，寸法を記入した設計図面）が掲載されている（図3.1）．この機械的水平積層アーチは7層の木の梁から構成されていたようであるが，図3.1を注意深く見ると，一枚一枚の木材はかなり波打っているように見える．これは当時，木材を積層して組立梁を造る際に木材の上下表面を意図的にギザギザに加工して，積層した木材が相互にずれないように配慮した事例を反映したものなのか，あるいはキラーが手書きで湾曲した線を引いた際にぶれたのか，真相は不明である．ただ，湾曲積層アーチの最上縁と最下端縁の曲線は比較的スムーズに描かれているので，やはり7層の木材は各層ができるだけ辷らないように，意図的にギザギザの表面に加工されていたのではないかと推察される．

キラーの論文には橋の建設コストに関する表も示されているが，それによると樫と松の2種類の木材が相当量使用されたらしい．どちらの木材が橋の主架構であるアーチを構成していたのかは明記されていないが，おそらく，主架構には強度性能のより高い樫の木が用いられていたであろうと推察される．

図3.1から，スパン61 mの木造積層アーチ架構は橋の両側面に設置され，スパン方向の5カ所において上下に添え板を敷き，長いボルトを用いて7層の木材梁がこの位置で接合されていたものと推定される．さらに約12.3 mおきに設けられた添え板結束箇所の中間位置には，詳細な機構は不明であるが，「歯の付いたボルト」で7層の木材が互いに辷(すべ)らないように抑制する機能を有する接合部が設けられていたようである．

図3.1に添えられているスケールを使って各部の寸法を推定すると，この木製主架構アーチの梁せいは3 m近くもあり，これを7層の木材で構成したということは，1本の湾曲した木材の梁せいはほぼ40 cmということになる．このように梁せいの大きな，しかも堅い樫の木を湾曲させて7段積み重ね，要所要所でそれらをボルトで締め付けてアーチをできるだけ一体化させるということは，便利な機械装置を駆使できる現在の技術を持ってしても決して容易なことではない．当時どのような技術が使われていたのか，残念ながら詳細は定かではないが，とにかくそれを見事に成し遂げた当時の大工棟梁は実に偉大な橋梁施工技術者であったと言えよう．

なお，この記念すべき木橋はフランス革命後の第二次対仏大同盟の戦争で，1799年にナポレオンの率いるフランス軍によって

破壊された[3.2]。

(2) ウィーベッキングの偉業

次に、木材を水平かつ機械的に積層したアーチ構造を橋梁構造に本格的に適用した例として、ドイツの水力工学技師、測量技師、そして建築家でもあったカール・フロイドリッヒ・ホン・ウィーベッキング（Carl Friedrich von Wiebeking：1762-1842）の功績を紹介したい。

カール・フロイドリッヒ・ホン・ウィーベッキング（図3.3）は、19世紀初頭にドイツのババリア地方において数多くの木橋を架設した[3.5]。レグニッツ河に架かるバンベルグ橋(1809年完成、図3.4参照)は彼が架設した木橋の中でも最長で、スパンが208フィート（0.254 m/フィート×208フィート＝52.8 m）、幅員32フィート（橋の幅：0.254 m/フィート×32フィート＝8.13 m）という、単一径間の木橋（川の中に支柱を設けずに、川の両岸に設置された支点だけで橋を支える形式の木橋）としては、現在の集成材橋のレベルで見ても非常に長大で幅広い橋であった[3.4],[3.5]。

当初、橋が架設されていた場所には大規模な石造りの橋が存在していたが、大きな石造橋脚の存在が水の流れを悪くし、増水時に橋に大きな力を加える結果となった。そこでその解決策として、水の流れを良くするため河の中央に橋脚を設ける必要のない「木材を水平かつ機械的に積層したアーチ構造」による単一スパンの木製アーチ橋が選択された[3.5]。

バンベルグ橋の主架構は図3.4-bに示すように、3列のアーチで構成されている。各々のアーチを構成している個々の木材は材

文献 3.4 より転載

図 3.3 ●カール・フロイドリッヒ・ホン・ウィーベッキングの肖像画

せい 35 cm 〜 39 cm という大断面のもので [3.5]，これを縦方向に 5 段，横方向に 2 列ないし 3 列配列させ，アーチの最大高さが橋の中央で 16.9 フィート（0.254 m/ フィート ×16.9 フィート ＝ 4.29 m）になるようにボルトなどで締め付けて湾曲一体化させる構造になっていた．ところで，図 3.4-a をよく見ると，右半分の側面部分には石積み風の模様が描かれている．文献 3.5 によれば，当時はこの橋を木橋ではなく外観的には石造の橋に見せようとしていたようである．

さて，図 3.4-a の左半分に注目すると，アーチを構成する 5 段の木材梁の界面にはところどころに「栓」のようなものがはめ込まれていることが分かる．これこそ，木材を水平に積層し機械的に結束したアーチの弱点でもあり，それゆえに木橋技術者が最も注意を注いだと思われる重要なポイントである．水平に積層した

第Ⅲ章　水平積層アーチの誕生　57

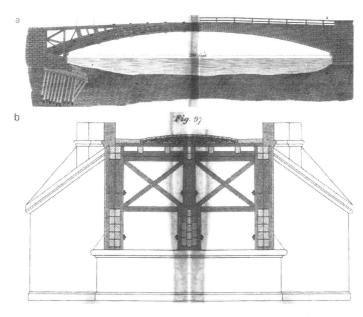

文献 3.5 より転載

図 3.4 ● 1809 年に完成したレグニッツ河に架かるバンベルグ橋
a：バンベルグ橋の長手方向構造図
b：バンベルグ橋の横断面

各々の木材を相互に動かないようにできるだけ一体化させて，あくまでも一塊の木材としてアーチを挙動させることが，この種の機械的積層アーチの成功の鍵を握っていたと考えられる．

現在の集成材アーチ橋は非常に強力で信頼性の高い「合成樹脂接着剤」の力を借りて，この完全一体化を成し遂げている．しかし，信頼のおける接着剤が存在していなかった 19 世紀初頭においては，このバンベルグ橋のように大きな断面の木材をボルトで

串刺しして，各木材ができるだけ滑(すべ)らないように「栓」のような抵抗要素を各積層木材の界面に差し込んで積層アーチを構成していたようである．このように技術的に難しく極めて手間のかかる方法で単一径間 52.8 m もの木橋を掛け渡した当時の木橋技術者の偉大さに，ただただ感服するばかりである．

(3) フランスのセーヌ河を渡るイブリー橋

19 世紀初頭のドイツに登場したウィーベッキング式の木材を用いた機械的積層アーチ構法は，1829 年に完成したフランスのセーヌ河を渡るイブリー橋の主架構に採用された[3.6]．

イブリー橋は，橋長約 123 m，一径間約 22.5 m の 5 径間上路（アーチの上に床板が載る橋の形式）アーチ式木橋である（図 3.5）．各アーチのスパン（支点から支点までの距離）は，両岸に近い 2 カ所が 21.25 m でアーチの矢高（付け根からアーチの最高高さまでの距離）は 3 m，2 番目と 4 番目のアーチにおけるスパンと矢高は 22.5 m と 3.34 m，そして中央部分のアーチは一番長く，スパン 23.75 m，矢高 3.62 m である[3.6]．

主架構のアーチは 1 辺 25 cm 角の木材を 3 層水平に積層して構成された（図 3.5-c 参照）．この 3 層の木材は，およそ 2 m 間隔にアーチの半径方向に配置された木製の結束材で束ねられ，床板の下に配置された水平の桁材と緊結された（図 3.5-b, c 参照）．なお，この束ね方は，我が国の伝統木造構法に見られる古代長押(なげし)のように，両側から挟み込んで拘束するもので，1 径間あたり 7 列の 3 層積層アーチが橋の幅方向に等間隔に配置された．

さらに結束材と結束材の中間部分においては，3 層の木材を U

第Ⅲ章 水平積層アーチの誕生 59

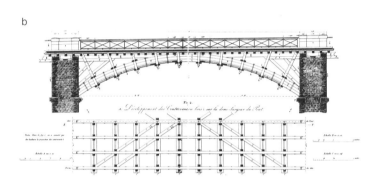

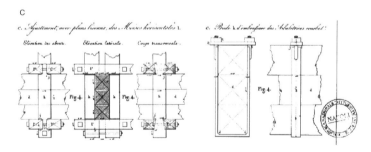

文献 3.6 より転載

図 3.5 ● 1829 年に完成したフランスのセーヌ河を渡るイブリー橋
a：セーヌ河を渡るイブリー橋の一般図
b：イブリー橋アーチ部分の詳細図
c：イブリー橋のアーチに使われた木製結束材（左）と鉄製U字型結束バンド（右）の詳細

字型の鉄の結束バンドで締め上げて3材をできるだけ一体化しようとした(図3.5-c参照).ただし,図3.5-b,cを見る限りにおいては,特に各木材間の辷(すべ)りを拘束する「栓」のようなものが挿入された様子は認められない.

1820年代にフランスのセーヌ河のイブリー橋に採用されたウィーベッキング式「木材を用いた機械的積層アーチ構法」は,その数年後に英国の鉄道高架橋や鉄道駅舎の建設に利用され,その最盛期を迎えたようである.

(4) 英国における機械的積層アーチの発展

19世紀中頃の英国で,木材のラミナを機械的に水平積層したアーチ構造を用いた大規模な鉄道高架橋が造られていた.その鉄道は英国・イングランド北東部のタイン川に沿って敷設されたニューカッスル・ノースシールド鉄道会社[3.7]の路線で,1837年から営業を開始した.全長およそ13km程度の区間に,ウィリントン高架橋(図3.6参照)とオース・バーン高架橋(図3.7参照)の二つの高架橋が木材の水平積層アーチ構造で建設された.なお,図3.6は後述する設計者のベンジャミン・グリーンの論文[3.8]から引用したウィリントン高架橋の一般図である.一方,図3.7はオース・バーン高架橋の状況を描写した当時の絵画[3.7]である.英国版Wikipedia[3.30]の情報と絵画の下端に描かれた署名から判断すると,図3.7のオース・バーン高架橋の絵画は,英国ニューカッスル生まれの著名な風景画家であるトーマス・マイルス・リチャードソン(Thomas Miles Richardson:1784-1848)によって描かれたものであると判断できる.

英国土木学会の学術論文集に挿入された図 3.6 のウィリントン高架橋の全体図面では，土木構造物の情報をその仕様も含めてできるだけ正確に描写することが重要であるため，木材を水平に積層したアーチ部材が可能な限り精密に描き込まれている．一方，リチャードソンの絵画ではアーチの側面に積層面は描かれておらず，当然ながらその場の風景や建物そして人々の様子の描写に力点が置かれている．両者の立場の違いによる対象物のとらえ方の差が興味深い．

オース・バーン高架橋（全長 280 m，高さ 33 m）もウィリントン高架橋（全長 319 m，高さ 25 m）も構造形式は全く同じであるが，前者は公称スパン 36.6 m（場所によって，35～36 m である場合もある）の 5 径間（支点が 6 カ所ある）のウィーベッキング式木造アーチから構成されたのに対し，後者は 7 径間（支点が 8 カ所ある）のウィーベッキング式木造アーチで構成された．

この木造高架橋を設計したのは英国のジョン・グリーン（John Green：1787-1852）[3.9] とベンジャミン・グリーン（Benjamin Green：1811-1858）[3.9] の親子であった．本書の記述は，息子のベンジャミン・グリーンが 1846 年に英国の土木学会（ICE）に発表した報告集[3.8]に基づいている．その報告は 19 世紀前半に英国で花開いた長大木造高架橋の真実を伝える学術的に非常に貴重な資料の一つと考えられる．この報告に基づいてこの木造高架橋の話をさらに続けたい．

アーチ部分の詳細を図 3.8 に示す．すべてのアーチがこの図と同じ寸法で造られたというわけではないが，この図の場合，アーチのスパンは 35.4 m でアーチの矢高（付け根からアーチの最高

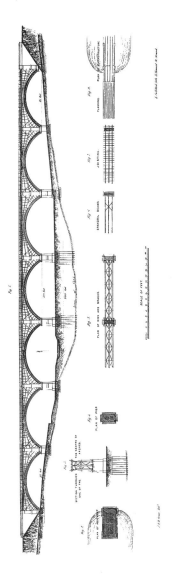

図 3.6 ● ウィリントン高架橋の一般図

文献 3.8 より転載，ICE Publishing (Thomas Telford Ltd.)

第Ⅲ章　水平積層アーチの誕生

文献 3.7 より転載

図 3.7 ●オース・バーン高架橋の状況を描写した当時の絵画

高さまでの距離）は 10 m の正円である．

　アーチを構成する木材は，バルト海に面するポーランドのダンティック産の甲板用材で，幅 28 cm，厚さ 7.6 cm の厚板が用いられた．

　図 3.8 を先入観なく見ると，アーチの部分は完全に湾曲集成材のように見える．積層数も 15，6 層に及んでおり，現在の合成樹脂接着剤を用いた集成材に匹敵するラミナの積層数であり，先に紹介したセーヌ河のイブリー橋で使われたウィーベッキング式水平積層木造アーチ（積層数は 3 層）に比べて，現在の水平積層接着集成材に非常に近い外観を呈している．

　図 3.9 に多数の板を水平積層するための結束治具（多数の板を束ねて一体化するための鉄のバンド類）の詳細が示されている．

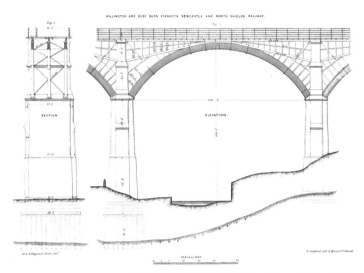

文献 3.8 より転載，ICE Publishing (Thomas Telford Ltd.)

図 3.8 ●オース・バーン高架橋とウィリントン高架橋の木造アーチ部分の構造図

厚さ 7.6 cm の板は 15，6 層水平に積層され，U 字型の鉄のバンドで結束されていた．興味深いのは，アーチの全副（矩形断面における短い方の辺の長さ）を幅 28 cm の板 2 枚で構成する層と，幅 19 cm ぐらいの板 3 枚で構成する層とが，1 層おきに出現し，合計 17 層の水平機械的積層アーチ部材が出来上がっている点である．すべて幅広い板だけでアーチを構成するとコストがかかるためか，あるいは厚さ 7.6 cm の厚板を曲げて積層するためにあえて幅を狭くして曲げやすくした材料を使ったのか，いずれにせよ興味深い使い方である．

またアーチの最上端の層には雨水がスムーズに流れるように少

第Ⅲ章　水平積層アーチの誕生　65

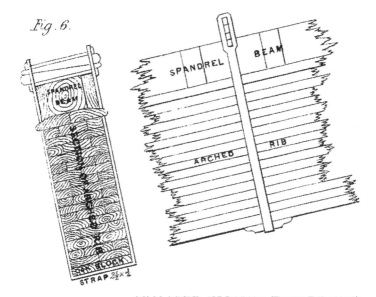

文献 3.8 より転載，ICE Publishing（Thomas Telford Ltd.）

図 3.9 ●多数の板を水平積層するための結束治具の詳細

し水勾配（雨水が自然に流れ落ちるように付けられた傾斜）が付けてあり，アーチ最下端の層には一枚ものの幅 56 cm ものラミナが使われている．

　前者の水勾配の措置には，木橋最大の弱点である腐朽の問題への対応が感じられる．ちなみに，すべての木材はその当時効果があると信じられていた塩化第二水銀を用いるケヤン式防腐処理[3.11]が施されていたとグリーンの報告[3.8]には記述されている．ところで，後者の一枚ものの幅広ラミナであるが，幅 56 cm のラミナというのは，不可能ではないにしても，現在の木材工業の水

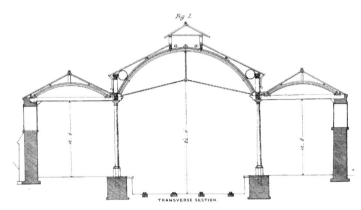

文献 3.8 より転載, ICE Publishing (Thomas Telford Ltd.)

図 3.10 ● グリーン親子が設計したノース・シードル駅舎の屋根構造

準からみれば，非常に稀な寸法である．このような幅広ラミナを採材するには，かなりの大径木を伐採しなければならない．当時のポーランドのバルト海に面したダンティックという場所には，相当量の大径木が植わっていたのであろうか．さらなる興味が湧いてくる．

詳しい年代は不明であるが，グリーン親子は上述した2カ所の高架橋で使用した「木材を水平に積層し機械的に結束したアーチ構法」をさらにノース・シードル駅の駅舎の屋根構造（図3.10）や，教会の屋根構造（図3.11）にも適用している[3.8]．

図 3.10 の屋根構造は，現代風に言うと張弦梁構造と呼ばれる湾曲積層アーチ材と鉄のケーブルを用いたハイブリッド構造である．木材の積層アーチは主として圧縮力や曲げモーメントを負担し，鉄のケーブルは引張力を負担するもので，アーチの断面を小

第Ⅲ章 水平積層アーチの誕生

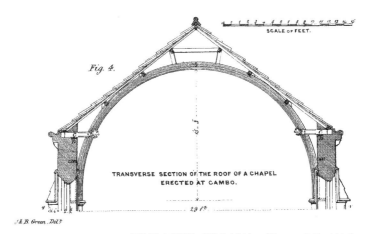

文献 3.8 より転載, ICE Publishing (Thomas Telford Ltd.)

図 3.11 ●グリーン親子が設計した教会の屋根構造

さくでき,スマートな屋根構造を造ることが可能である.そのため,現在でも実力のある建築家はこのような張弦梁集成材屋根構造を好んで使う傾向にある.ただ,張弦梁の正確な構造設計には面倒な計算が必要となり,現在のようなコンピュータのなかった19世紀においては,その構造設計は時間のかかる難仕事であったと考えられる.

いずれにせよ,ノース・シードル駅は当時としてはかなりモダンな駅舎であったであろう.

一方,図 3.11 の教会の屋根構造は,3章で紹介するアーマンド・ローズ・エミー大佐が提案した木材を機械的に積層したアーチ部材と直線状の垂木を組み合わせた屋根構造によく似た構造であり,アーチ屋根構造としてはオーソドックスなスタイルである.

1841年に，ジョン・グリーン（父親）は鉄道高架橋から教会のアーチ屋根構造に至る彼の一連の木材積層アーチ構法の功績により，英国土木学会より，学会で最も権威があると言われているテルフォードメダルを受賞している[3.9]．

（5） 木橋大国アメリカ合衆国における事例

ドイツのウィーベッキングが，19世紀初頭にレグニッツ河に単一径間52.8mあまりのバンベルグ橋を「木材を水平に積層し機械的に結束したアーチ構法」によって架設した時点より少し前の19世紀初頭，アメリカ合衆国においては，ヨーロッパの木橋をはるかに凌ぐ極めて大規模な木橋がいくつも架設されていた．

それらの多くは木材を軸材料とする様々な形式のトラス構造[注2]であったが，中には「木材を水平に積層し，機械的に結束したアーチ構法」の一種によって架設されたものも含まれていた．中でも1804年〜1806年にかけてデラウェラ河に架設されたトレントン橋（図3.12）は他に例を見ない極めてユニークな構造の木橋であった[3.12], [3.14], [3.15], [3.16]．

トレントン橋を設計したのは，セオドア・ブール（Theodore Burr：1771-1822）[3.12]であった．彼は，アメリカ合衆国において現在でも愛好家の多い「屋根付き木橋」の主架構として数多く使

注2）比較的断面の小さな軸材料を水平，垂直，斜め方向に配置して小さな三角形構造を多数造り，その構造を長さ，幅，高さ方向に繋ぎ合わせて全体として大きな空間を構成した構造．軸部材同士が接合される節点は回転が自由にでき，部材を曲げる力は作用しないと仮定する．

われているブール・トラス（木造アーチ＋トラス複合系の橋）[3.13] の発明者として知られている橋梁技術者である．

1907 年 8 月 9 日に発生したカナダ・ケベック橋の大崩落事故[3.19] の技術責任者として有名なアメリカの橋梁工学技師のセオドア・クーパーが 1889 年に執筆した 19 世紀のアメリカの鉄道橋に関する本[3.14]によると，トレントン橋は木造機械的水平積層アーチ構造の主架構からなる 5 径間の木橋で，各アーチのスパンは，62 m-60 m-57 m-49 m-62 m で，橋脚は石積みであった．

アーチは各径間ごとに中心線に沿って 1 列，中心線を軸に幅員方向に対象に 2 列，合計 5 列配置され，2 車線の交通路線を確保していた．アメリカで蒸気機関車が本格的に運用され始めたのは 1840 年代[3.17]であるので，トレントン橋完成時（1806 年）の交通機関は馬車が主たるものであった[3.16]．

各アーチを構成する木材は長さ 10.7 m 〜 12.19 m，厚さ 10.32 cm，幅は約 30.5 cm のホワイトパイン（松の一種）で，この木材が 8 層水平に積層され，詳細は不明であるが「breaking joints（ブレーキングジョイント）」と呼ばれる木材各層の相互辷り（すべり）を止めることを目的としていたと考えられる治具（特定の目的を達成するために工夫された部品）が 8 層の木材を貫通していた[3.14]．

アーチの下部には断面 16.5 cm×34.3 cm の 2 本の下弦材（弓で言うと弦の部分に相当する引っ張る力を負担する部材）が配置され張弦アーチ構造（弓の形をした構造）を構成していた．下弦材の上には床板を支える梁（断面不明）が約 2.4 m 間隔に幅員方向に配置された．そして，アーチから下弦材に伸びたターンバックル（ネジを回転させて長さを調節できる鉄の棒．引っ張り力を負

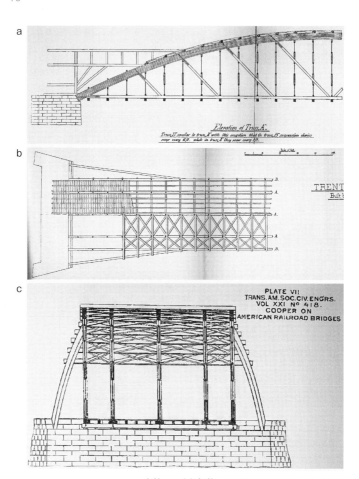

文献 3.14 より転載，Northeastern University Library

図 3.12 ● 19世紀初頭に米国のデラウェラ河に架設されたトレントン橋
a：トレントン橋の立面図（次の図b）のAに沿った張弦アーチの半径間分を描いたもの）
b：トレントン橋の平面図（半径間部分）
c：トレントン橋の正面図

第Ⅲ章　水平積層アーチの誕生

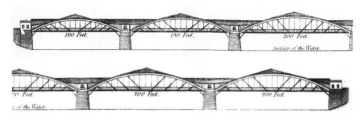

文献 3.15 より転載，©HathiTrust

図 3.13 ●トレントン橋完成 30 年後に英国技師スティーベンソンが製図したトレントン橋

担する）付きの鎖で床板構造は吊り下げられていた．床板の水平構面はＸ字型の木材筋交（壁や床面あるいは屋根面などに斜めに挿入される部材．これらの面がゆがまないように抵抗して構造を安定させる）で固められ，また吊り構造のスパン方向の安定性を確保する目的でアーチと下弦材とは断面 15 cm×25.4 cm の 2 重の筋交い材で結合されていた．筋交い材の下弦材側接合にはスパイクが，アーチ側接合には帯鉄が用いられた[3.14]．

トレントン橋のユニークさは，その構造が当時としては画期的な張弦アーチ構造であったことに加えて，当時としては当たり前であった屋根をアーチの長手方向に添って掛け渡し，さらに図 3.13 に示すように，側面には覆いを設けずに湾曲アーチ構造と吊り材や斜めのブレースを外部から見えるようにした斬新なデザインが採用されたことにある．なお，屋根葺き材料にはスギ（cedar）のシングル（木材を「なた」で割って造った高級な外壁・屋根葺き材料で，北米では最も耐久性が高いと評価されている）が使われていた[3.16]．

スイスやアメリカに現存する屋根付き木橋の場合，アーチの最大高さよりもさらに上のレベルに水平の屋根（屋根の水勾配は橋の短手方向に向いているのが普通）を掛け渡し，しかも橋の両側面もほぼ全体に木材の縦板で覆うという「おどろおどろしい」構造が多く，中を通るのにはちょっと勇気がいる橋が多い．悪く言うと，地上に露出したトンネルのようなイメージの橋なのだ．一方，このトレントン橋は，図3.13で見る限り，大きく開放された側面と，アーチの曲面に沿って配置された山型屋根が長軸方向に5つ並んだ何となく「遊園地のメリーゴーランドのような側面」を持った愉快な橋に見える．

トレントン橋が完成して30年以上が経過した段階で，蒸気機関車を通す必要に迫られ，石積みの橋脚を幅方向に片側だけ増設し，その上に機関車専用のレーンが増設された[3.16]．そして既存のアーチの外側に橋全体の構造を補強するための新たな木製アーチが増設され（積層アーチかどうかは不明），屋根も取り払われ，元の愉快げな姿はかなり複雑で怪奇な姿に変貌したことが文献[3.16]に掲載されている当時の写真から分かる．そして20世紀に入り，この前代未聞の木橋は，徐々に橋梁構造の主流の座を占めることになってきた鉄とコンクリートを使った橋に置き換えられた[3.16]．

最後にトレントン橋に関して，一つ付け加えたいことがある．何の予備的な情報もなしに図3.12-aのトレントン橋の骨組立面図を見ると，この橋は現代風の集成材アーチ橋のように見える．そのためなのかどうかは不明であるが，日本ではこの橋が世界最初の集成材構造であったという情報が一部で引用されている．しか

し，アメリカの土木学会の論文集に発表されたセオドア・クーパーの情報[3.14]から，「世界最初の集成材構造」という表現は訂正されるべきであろう．

　以上，木橋分野での「木材を水平に積層してアーチを造る構法」について欧米の事例を紹介してきた．個人的に木橋が大好きなこともあって，他の章に比べ，少し微に入り細に入った内容となってしまったかもしれない．

　木橋の場合，各部に発生する力の絶対値は，通常規模の木造建築物に比べて1桁も2桁も大きく，その力に耐えるように構造設計するとアーチの断面も極めて大きな寸法になる．したがって，木橋分野で開発された木造機械的水平積層アーチの本質は，木造構築物としては例外的に大きな外力に耐えるために橋梁技術者が構造力学に則って考え出した「現場対応型の組立梁」であって，20世紀初頭に誕生する接着積層集成材のように「工場生産型の便利な構造部材」とは異なるルーツに属するものではないかと筆者は個人的に思っている．

　ただし，次に述べるフランスのアーマンド・ローズ・エミー大佐や，集成材の特許を初めて取得したオットー・ヘッツアーらが，木橋分野ですでに実用化されていた機械的水平積層アーチ構法に何らかの影響を受けていたことは，おそらく間違いないであろう．

2 エミー大佐による水平積層アーチ屋根構造の提案

(1) エミー式水平積層アーチ屋根構造とは

フィリベルト・デロームの没後およそ250年を経た19世紀前半のフランスにおいて，木材資源を有効に活用して，比較的スパンの大きなアーチ屋根構造を掛け渡す技術が再び注目を集めた．提案者はフランス陸軍大佐で建築家のアーマンド・ローズ・エミー（Armand Rose Emy：1771-1851）である．なお理由は不明であるが，エミー大佐のプロフィールは謎に包まれている．フランスの国立図書館やその他有力な情報源を何度検索しても，経歴や肖像画などの個人情報を知ることはできなかった．

エミー大佐の提案した積層アーチは，比較的薄く曲げやすい木材のラミナを湾曲させながら数枚水平に重ね合わせてアーチを構成するものである．湾曲した形状を保つために，要所要所にボルトを貫通させ，また鉄の帯板で積層されたラミナを結束している．

さらにアーチ部材の外側に配した柱や垂木と積層したアーチ部材とを連結部材で結合して，屋根全体として安定した架構を形作るもので，現在の接着積層集成材に外観的には似た形態を呈していた（図3.14参照）．現在の集成材との決定的な違いは，ラミナ同士を接着剤で結合せずに，ボルトと鉄の帯板で束ねていたという点である（このような方法を機械的な接合法という）．

エミー大佐の提案した建築構法を建築史の視点から詳細に論じたアレサンドラ・モンゲリーの論文[3.22]によると，エミー大佐は，最初にフィリベルト・デロームの優雅で非常に賢明な円弧状短尺木材の使い方を，後述する彼自身が執筆した本[3.23]の中で一つの

第Ⅲ章 水平積層アーチの誕生 75

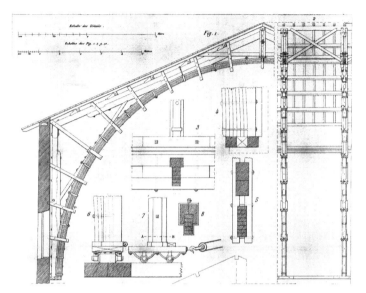

文献 3.20 より転載．Cnum-Conservatoire numérique des Arts et Métiers

図 3.14 ●エミー大佐が提案した木材ラミナを機械的に水平積層したアーチ構造

章を設けて絶賛したうえで，フィリベルト・デロームが200年以上も前に発明したシステムよりも有効な木材の使い方を目指して新しいアーチ構築法を開発した．また彼は，ドイツの優れた橋梁技術者であったウィーベッキングを同様に称賛し，同じ本の中で，ウィーベッキングが19世紀初頭にドイツのレグニッツ河に架設したバンベルク橋を「木材水平積層アーチの既往例の一つ」として図入りで紹介した．

建築史の専門家によるこれらの指摘[3.22)]から推察すると，エミー大佐が提案した「木材ラミナを水平に積層してアーチ屋根を掛け

渡す構法」はエミー大佐の純粋なオリジナルというよりも，フィリベルト・デロームの200年以上も前の偉大な業績を念頭に置きながら，デロームのシステムを超える木材の有効利用と，より安定した建築構造システムの開発を目標とし，さらに詳細な技術的な方法においては，ウィーベッキングが試みていた木材を水平に積層して橋の主架構を構成する方法に大きな影響を受けて完成に至ったものと考える方がより自然なように思われる．

アレサンドラ・モンゲリーの論文[3.22]によると，フランス軍はリボルネ村に兵舎を建設するため1819年にエミー大佐に設計を委託した．兵舎の基礎と壁は1764年以来建設予定地に残っていたものを利用するという前提で，エミー大佐はフィリベルト・デロームのシステムを使って，スパン21m，桁行き方向48mの兵舎の屋根を設計する案を最初に提案した．しかし，この方法は木材の無駄が多いということで最初は却下された．

そこで，彼は薄い木材を水平に積層配置することで，デロームのアーチと同じような一体感と優雅さを持ったアーチ屋根をつくることができるという提案を再提出した．彼の提案はまたしてもすぐには受け入れられなかったが，1825年に至って，彼の主張する新構法の実際建築物への適用が認められ，フランスのバイヨンに近いマラック村に，スパン20m，桁行き方向57mの兵舎がエミー大佐の提唱する新建築構法で初めて建設された[3.21], [3.22]（図3.15参照）．

マラック村の兵舎に使用された木材の樹種は定かではないが，「ラミナの長さは最大で13mで，幅は13cm，厚みは5.5cmであった」と記述されており，現在の接着剤で一体化される集成材のラ

ミナにほぼ近い寸法の木材が使用されていたようである．このマラック村の兵舎の成功を受けて，エミー大佐は同じ構造方法と同じ寸法のラミナを用いて，より以前から計画されていたリボルネ村の兵舎（図 3.16）を翌年の 1826 年に完成させた [3.21], [3.22]．

図 3.16 のリボルネ村の兵舎においては，建物の基礎と壁は 1764 年以来建設予定地に残っていたものが再利用されたが，新たに製造された木製アーチ屋根の詳しい情報は不明である．マラック村の屋根構造と比べると，1 年遅れて建設されたリボルネ村の屋根構造の方が少し簡素化されているように見える．特に斜めに配置された屋根垂木は 1 本の真っ直ぐな垂木がアーチに接す

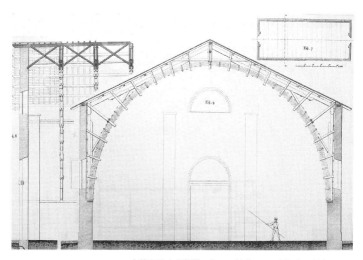

文献 3.22 より転載．Central Library of Padua University

図 3.15 ●マラック村に建設された「機械的水平積層アーチ屋根構造」による兵舎（1825 年）

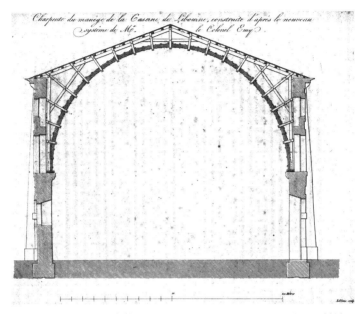

文献 3.21 より転載，Cnum-Conservatoire numérique des Arts et Métiers

図 3.16 ●リボルネ村に建設された「機械的水平積層アーチ屋根構造」による兵舎（1826 年）

ることなく配置されており，マラック村のそれとは違う構造である．エミー式の水平積層アーチ屋根構造は 2 重の構造が特徴である．一つはラミナを機械的に水平積層したアーチ部材，もう一つは基礎から立ち上がった柱とアーチの上に斜めに配置された垂木からなる外郭部材である．これら二つの主要な構造部材はアシアローニ（ascialloni，イタリア語）と呼ばれる放射状に配置された連結材で結ばれて，屋根架構全体の構造安定性を確保している．

第Ⅲ章 水平積層アーチの誕生

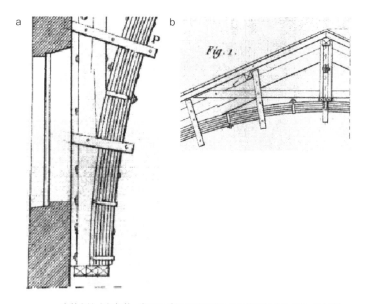

文献 3.20 より転載．Cnum-Conservatoire numérique des Arts et Métiers

図 3.17 ●アーチの部位によるラミナ積層数の変化
a：礎石の近くの足元．ラミナは 7 ～ 8 層
b：頂部近傍．ラミナは 5 ～ 6 層

　アーチを構成するラミナの使い方にも特徴があった．長さの異なるラミナを長手方向に重ね合わせて積層したが，図 3.17 に示すように，場所によって断面を調整していた．たとえば礎石の近くの足元ではラミナは 7 から 8 層で，アーチ頂部では 5 から 6 層（なお，文献 3.20) では 3 層と記述している）という具合であった．ただし各ラミナの長さは最大で 13 m，幅が 13 cm，厚みが 55 mm であった．ラミナの重なる継ぎ手部分は積層方向で同じ位置に来ないように分散して配置され，それぞれの重なった部分には木材

の栓を打ち込んで継ぎ手を強化していた[3.21)].

ところで，エミー大佐はどのようにして木材のラミナを湾曲させ，そして束ねていたのであろうか？　モンゲリーの論文[3.22)]によると，「機械的水平積層アーチ屋根構造」に使われたラミナは，図3.18に示すように，蒸気発生釜の中で最初に十分蒸した後，必要な曲率半径となるように湾曲を持った当て板を定規として，ロープと滑車を使って力を加えながら当て板に押しつけて湾曲に積層し，所定の積層数に達した時点で要所要所にボルトを通し，また鉄の結束治具で積層材を束ねて固定させたようである．

このように木材を蒸して塑性変形（力を加えて元に戻らないように変形させること）させる方法は，木材が元々持っていた強度を低下させるので，強度性能がそれほど厳密に要求されないような部類の工芸品などの生産には使われることもあるが，強度的性能が重視される現在の接着積層集成材の製造においては禁止されている．しかし19世紀の頃には，木材を曲げる効果的な方法として，このような手法が木材ラミナを湾曲積層する下準備の段階で使われていたという点が大変興味深い．なお，図3.18-bに示すようなラミナを最終的にワイヤーと滑車を用いて一定の湾曲材として固定させる方法は，現在の接着積層集成材の製造現場においても，少し洗練はされてはいるが原理的には同様の方法が用いられている．

エミー大佐は，彼が発明した「曲げやすい厚さの木材ラミナを水平に積層してアーチ屋根を構成する方法」を解説した本[3.23)]を4年の歳月をかけ，3分冊に分けてパリで出版している．第1分冊は14章からなる理論編で1837年に出版された．第2分冊は57

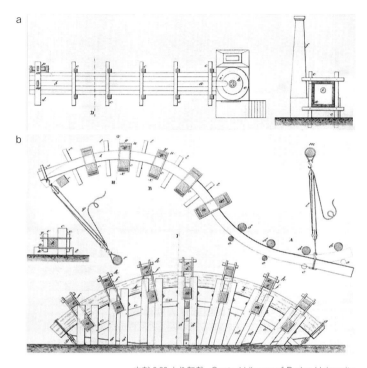

文献 3.22 より転載, Central Library of Padua University

図 3.18 ● エミー大佐が用いたと考えられる木材ラミナを湾曲させるための方法
a：蒸気発生釜
b：湾曲定規にラミナを押しつけてロープと滑車で積層固定化する方法

章からなる長編の読み物で，第3分冊である図面編と一緒に1841年に出版された[3.22)]．現在，図面を除いた文章だけの部分がフランス国立図書館の電子検索システムや Google などを通じて閲覧可能である．

モンゲリーの論文[3.22)] によると，エミー大佐が 1841 年までに

出版した本[3.23)]は，各国語に翻訳され，瞬く間にヨーロッパ中に広まったとされている．本書で引用させてもらった図3.15と図3.18は19世紀中期にフランスで出版されたエミーの原著本[3.23)]のイタリア語翻訳本[3.24)]をアレサンドラ・モンゲリーが論文中に引用したものである．これらの例からも，19世紀中頃から20世紀初頭にかけて，エミー大佐の「機械的水平積層アーチ屋根構造」は，小・中規模の建築構造物の屋根を掛け渡すための一つの方法として，当時の建築家や構造家の間である程度認識されていたことがうかがえる．

以下において，このことを裏付ける話題をさらに紹介してみたい．

（2）オランダで発見された積層アーチ屋根構造

2011年の3月にオランダのツェーリックジーという村で『Lamineren Zonder Lijrm（接着剤のない積層）』という題名の本が記念出版された[3.25)]．これは，この村に古くから存在していた一軒の家が，実は1840年頃にエミー式「機械的水平積層アーチ屋根構造」で2階屋根部分を改築したものであり，しかもオランダで唯一現存するエミー式アーチ屋根構造を現在にとどめる築160年以上の貴重な遺構であるということが，地元の建築家とデルフト工科大学などの合同調査で2007年に判明したため，その調査報告と村の歴史を含めた本が記念出版されたものであった[3.25)]．

図3.19は興味深い新事実が発見された家屋の外観や内観である．図3.19において，図aは発見当時の正面外観写真を，図bは地元の建築家Raaijmakers氏による内部構造の特徴を記録したス

本図に含まれるすべての写真やイラストはオランダの村・都市・国に関する様々な情報を発信する団体であるDorp Staden Landのご厚意によって寄贈された

図 3.19 ● オランダのツエーリックジー村で偶然に発見されたエミー式「機械的積層アーチ屋根構造」で19世紀に建築された建築物 [3.25]

ケッチで，図cはエミー式アーチ屋根が発見された当時に撮影された建物2階の内観写真である．そして図dはエミー式「機械的水平積層アーチ屋根の特徴を明確に表している結束金物を含む6層のラミナからなるアーチの詳細写真である．

　この建物を調査した建築家のRaaijmakers氏のスケッチ（図3.19-b）ならびにその出版物 [3.25] によると，アーチを構成してい

るラミナの樹種はベイマツで，寸法は厚さが29 mm，幅が90 mmで，6枚のラミナが鉄のバンドやボルトで結束されて機械的アーチを構成している．アーチは2.9 m間隔で3連挿入され，スパン9 m，最高高さ3.8 mの屋根構造を支えていた．

以上の事実は，エミー大佐が活躍した19世紀の中頃に「機械的積層アーチ屋根構造」の情報がすでにオランダにも伝えられ，実際の建物を施工できる実務的知識や技術がオランダに存在していたことを示唆している．

オランダにおいて一定の技術的発展を遂げたエミー式機械的積層アーチ屋根構造は，やがて海を越え，遠くアジアでさらなる展開を見せる．次項では，インドネシアのバンドン市に残るエミー式「機械的積層アーチ屋根構造」の進化した姿を見よう．

（3）インドネシアへの伝播

図 3.20 はインドネシアのバンドン市にある有名なバンドン工科大学の講堂の外観である．図 3.21 はその内部を撮影したものである．図 3.21 から，この講堂の骨組み構造がエミー式の「機械的積層アーチ屋根構造」の特徴を維持しながら，さらに洗練された優雅な芸術作品としての域に達していることをうかがい知ることができる．これらの写真は筆者がまだエミー大佐のことを知らなかった 2002 年〜 2005 年頃に，インドネシアの研究者との交流の際に偶然撮影したものであるが，エミー大佐のことを知った現在，もっと綺麗な写真を沢山撮っておけば良かったと悔やんでいる．

バンドン工科大学の木造講堂のことについてもう少しうんちく

第Ⅲ章　水平積層アーチの誕生

筆者撮影

図 3.20 ●バンドン工科大学の木造講堂の外観
a：遠景
b：近景

を傾けてみたい．

この講堂を設計したのはインドネシアのバタビア（現在のジャカルタ）で生まれたオランダ人のヘンリー・マクレイン・ポント（Henri Maclaine Pont：1884-1974）[3.26], [3.28], [3.29] であった．彼はオランダのデルフト工科大学の土木工学科を 1909 年に卒業した後，インドネシアに戻ってオランダの経営する東インド会社に勤務した[3.29]．1919 年にバンドン工科大学（以下においては，ITB と記す）のすべての建物の設計を任され，現在講堂として利用されている建物についてはフランスのエミー大佐が開発した「木材ラミナを水平にかつ機械的に積層するアーチ屋根構法」で設計・建設を行った[3.28]．

ITB の設計を請け負ったヘンリー・マクレイン・ポントを主題とした科学論文[3.28]の著者であるベン・F・バン・リールダムによると，スパン 15 m のアーチを構成するのに，長さ 3 m〜3.5 m，幅 18 cm，厚さ 1 cm の鉄木（Ironwood）ラミナの使用が最も経済

筆者撮影

図 3.21 ●バンドン工科大学の木造講堂を支える機械式積層アーチの内観と詳細
a:バンドン工科大学講堂内部
b:エミー式「機械的積層アーチ屋根構造」の特徴がよく分かる骨組

的であるということで,非常に密度の高いインドネシア産の硬木(比重は1.0以上で水に沈む木材)が選択された.

図 3.22 はその記念すべき第1連目の「機械的水平積層アーチ屋根架構」がまさにすべて人力によって立ち上げられようとしている極めて貴重な瞬間をとらえた写真である.

図 3.23 は ITB の木造講堂の立面を示す.建物の全体的な形状はジャワ式の伝統的なスタイルを模したものであるが,内部の屋根構造は,重厚で優雅なエミー式機械的水平積層アーチ部材とその上に傾斜が大きく高さの高い屋根を形作るための木材の補助部材から構成されており,東洋と西洋の融合した建築スタイルである.

第Ⅲ章　水平積層アーチの誕生

文献 3.27 より転載

図 3.22 ●バンドン工科大学の木造アーチの建て上げ風景（1919 年）

　図 3.24 は，エミー式の水平積層アーチと構造全体を安定させるための補助部材を組み合わせた ITB の骨組み構造の詳細図である．19 世紀にエミー大佐が提案した当時の機械的水平積層アーチと比べると，20 世紀の初期に建設された ITB のアーチ構造は，上述したように，基本的にはエミー式の「機械的水平積層アーチ屋根構造」ではあるものの，その特徴を維持しながらも，さらに洗練された造形的技巧や修飾を加えて優雅な芸術作品の域に達していることを改めて感じることができる．

　ところで，ベン・F・バン・リールダムの論文[3.28]では，ITBを設計したポント氏はインドネシアの生まれであり，当時のインドネシアの建築様式と地元の材料を ITB の建物のいくつかに取り入れることに建築家としての一種の誇りと使命感を感じていた

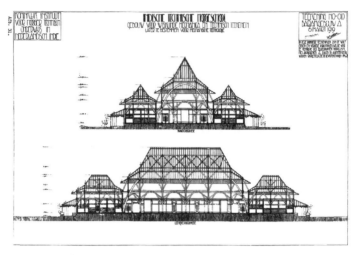

文献 3.28 より転載，D.F.Van Leerdam

図 3.23 ●バンドン工科大学の木造講堂立面図

と述べている．この点に関連して，筆者は，ポント氏が機械的積層方式の木造アーチを採用した理由を独自に推察してみたい．

ITBの講堂が完成した1919年といえば，次章で詳述するドイツのオットー・ヘッツアーによる接着積層集成材の技術が世に出始めていた頃である．工学者であるポント氏は当然そのような情報を知っていたであろうし，無理をすれば，接着積層アーチ，すなわち現代風の集成材アーチを利用することも不可能ではなかった．しかし，当時の集成材は後述するオットー・ヘッツアー社の特許製品であり，地理的に遠く離れたインドネシアにドイツ製の集成材を輸入することは極めてコストがかかる上に，地元材の利用という信念に背くことになる．さらに密度の極めて高い鉄木を

第Ⅲ章 水平積層アーチの誕生 89

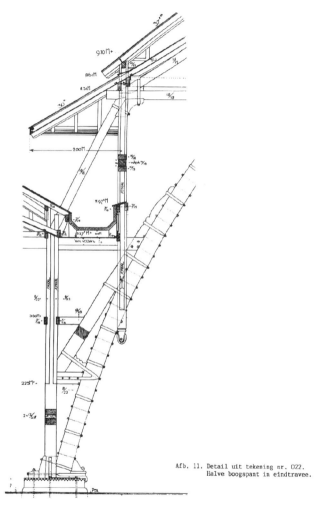

Afb. 11. Detail uit tekening nr. 022.
Halve boogspant in eindtravee.

文献 3.28 より転載，D.F.Van Leerdam

図 3.24 ● バンドン工科大学の木造講堂アーチ柱脚部分詳細図

使用するとなると，接着積層は物理的に不可能に近かったであろう．というのも，木材の密度が高くなると，木材同士を接着剤で接合することが非常に難しくなるからである．また，インドネシアの気候・風土を考慮すると，耐久（朽）性の極めて高い鉄木の利用は理にかなっていた．

以上の要因を総合すると，密度が極めて高く，腐りにくい鉄木（Ironwood）の厚さ1cmのラミナを多数枚水平積層し，ボルトや帯鉄で締め上げてアーチを現場施工するというエミー式積層アーチ構法の採用は，インドネシアという場所においては，最も賢明な選択であったと考えられる．

本章では，機械的積層技術によって製造された木材積層アーチの誕生とその発展について，橋梁分野での発展と，それとは異なるエミー式積層アーチ構法の発展について取りあげた．

橋梁分野における機械的積層アーチの発展は，大きな荷重を伝達するために，橋梁構造技術者が必要に迫られて，純粋な構造力学的な見地から編み出した現場対応型組み立て構造という性格が強かった．一方エミー式積層アーチは比較的規模の小さな建築構造のアーチ屋根を掛け渡すために，薄い木材の板を工場であらかじめ束ねてボルトなどで一体化させた一種のプレファブ部材という性格を持っていた．あえて言うならば，現在の接着積層集成材に繋がる一歩手前の技術であったと言えよう．

次章においては，いよいよ現代風接着積層集成材の誕生を取りあげよう．

第Ⅳ章 | *Chapter IV*

現代的集成材の幕開けとその発展

1 ヘッツアーによる接着積層集成材の発明

現代的な接着積層集成材に関する最初の特許は，1906年にドイツのカール・フロイドリッヒ・オットー・ヘッツアー（Karl Friedrich Otto Hetzer：1846-1911）によって取得された[4.1),4.2),4.4),4.5),4.6)]．

最初にオットー・ヘッツアーという人物について少し紹介してみたい．彼は1846年2月16日にドイツ，ワイマール市近傍のクライン・オブリゲンで生まれた[4.6)]．1860年から3年間，アポルダの町で大工技能の教育を受け，24歳の時に普仏戦争（1870年〜1871年）に従軍した．復員後の1872年に，ワイマール市に蒸気式製材機を備えた製材所を開設すると同時に木造建築業（工務店）を開業した．1883年には，その後の接着積層集成材の発明に繋がる重要な製品である木製複合床製造業にも乗り出し，会社規模を徐々に拡大させていった．資料4.6によると，1880年〜1883年の段階で彼の会社は約80人程度の従業員を雇用していた．しかし，その急速な事業拡大は彼の個人経営の会社に大きな負債を与えることとなり，やむなく1901年に会社組織をオットー・

ヘッツアー株式会社に改めることになった．株式会社の主たる株主は，プルシア某州の知事，北部チューリンゲンの森林所有者，そしてジェナの医学部教授など多彩な顔ぶれであった．彼は，その後の9年間，この株式会社の社長として，歴史的な偉業を飾る「接着積層集成材」の製造を推し進めることになるが，1910年に会社を辞職し，その翌年に亡くなっている．

1911年に没するまでに，オットー・ヘッツアーは，工場生産型の木材工業製品に関する5種類の特許をドイツで取得している．またほぼ同じ内容の特許を，スイス，英国，カナダ，フランス，オーストリア，デンマークなどでも取得している．

最初の特許は，1892年にドイツ（DE63018）[4,7]ならびにカナダ（CA39706）[4,7]で申請されたもので，木製複合床の特許（図4.1）であった．

古い形式の木造住宅の床の場合，土間の上に一定の距離をおいて木材の短い束を建て並べ，あるいは耐久性の大きな断面の大きな枕木を土間の上に敷き，その上に木材の梁（日本では大引きと呼ぶ）を配置し，さらにその上に木材の板を梁に直交するように敷き並べて床を構成していた．これに対し，木材の梁の部分（大引き）と床板をあらかじめ工場で一体構造にプレファブして床を構成するものが複合床である．

オットー・ヘッツアーの複合床に関する特許（図4.1）の特徴は工場生産型の複合床にヒンジを取り付けて床を開閉式とすることで，土間に湿気がこもった状態でも，時々複合床を開けることで，腐朽を防ぐことができる点にあった．彼はこの1892年の特許を基に，上述したように，木製複合床製造業を開始したものと

第Ⅳ章　現代的集成材の幕開けとその発展　93

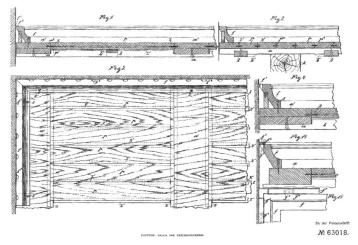

Espacenet より

図 4.1 ● 1892 年にドイツで申請された特許資料（DE63018）[4.7)] 中の図面

考えられる．

　2 番目の特許は 1900 年にドイツ（DE125895）[4.7)] で，また 1901 年にスイス（CH24405）[4.7)] で申請されたもので，木質複合梁（図 4.2）に関するものである．

　集成材に関する有名な日本の参考書[4.8)] では，この 1901 年に取得されたスイス特許をオットー・ヘッツアーによる近代的集成材誕生に関与した最初の重要な発明として紹介している．このスイス特許の書類には，複合梁を構成する上下の部材（図 4.2 中の Fig.3-a，b の部分）と中央の部材（同図の c）とを接着剤で確実に接合するという説明が含まれている．したがって，この時のアイデアが，後年のオットー・ヘッツアー型集成材の完成に大きな

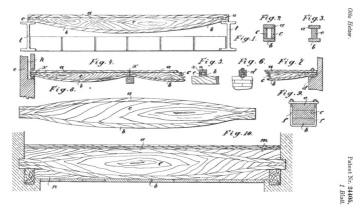

Espacenet より

図 4.2 ● 1901 年にスイスで申請された特許資料（CH24405）[4,7] 中の図面

影響を与えたことは確かであろう．

3 番目の特許は後章で詳しく取りあげるが，図 4.3 に示す特殊な構成の「矩形断面の木材の内部に湾曲した 1 枚のラミナを積層接着した複合梁」で 1903 年にドイツ（DE163144）[4,7] で，また 1905 年にスイス（CH33871）[4,7] で申請された．この特殊な複合梁は，後述するように黎明期のヘッツアー型集成材構造の床を支える梁として一時期使われた実績がある．

そして 4 番目の特許こそが，オットー・ヘッツアーの名を現代的接着積層集成材の生みの親として決定付けた最も有名な湾曲集成材に関するものである（図 4.4 参照）．

この特許は 1906 年にドイツ（DE197773）[4,7] で認められているが，1906 年に英国（GB20684）[4,7] とフランス（FR370139）[4,7] で，

第IV章　現代的集成材の幕開けとその発展　　95

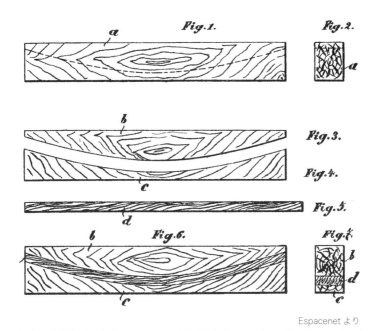

Espacenet より

図 4.3 ● 1903 年に申請された特許資料（DE163144）[4.7)] 中の図面

また 1907 年にスイス（CH40409）[4.7)] で，1909 年にオーストリア（AT41522）[4.7)] でも申請されている．この発明に基づく集成材構造についてはこの後に詳述するが，図 4.4 に示すドイツの特許書類には，「3 枚の木材の板 a, b, c もしくは必要に応じてそれ以上の木材の板を長手方向に積層し，水ではがれない接着剤 d を用い，圧力を掛けて湾曲一体化された骨組みを構成する．」という説明が加えられており，まさに現代的接着積層集成材と呼ぶにふさわしい発明内容である．この 1906 年の特許はドイツ以外に 4 カ

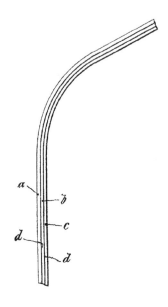

Espacenet より

図 4.4 ●オットー・ヘッツアーが取得した湾曲集成材の特許（DE197773）[4,7] に含まれていたスケッチ

国の外国特許が申請されており，やはりこれこそ彼が最も自信のあった特許であったことがうかがえる．

　最後の 5 番目の特許は，色々な形状の木製複合トラスに関するもので，1907 年にドイツ（DE225687）[4,7] で申請されたが，本書で扱う接着積層集成材の内容とはかなり異なるものである．

　ヘッツアーの取得した 5 つの特許のうち，彼に偉大な成功をもたらしたのは，上述したように，4 番目の湾曲集成材に関する特許であった．

最初に，1908 年から 1909 年にかけてターナーとチョパード（以後，

彼らの会社を Terner & Chopard と記す）がヘッツアーの特許の使用許諾権を得て，スイスのチューリッヒにエンジニアリングの会社を設立した．彼らはカゼイン接着剤（牛乳に含まれるタンパク質を原料とする天然系接着剤）を用いた水平積層集成材の建築物への適用を開始した[4,5]．1910年にはスイスとドイツに各1社が，1912年にはドイツに7社が，1914年にはドイツとデンマークに各1社が，ヘッツアー型の水平積層湾曲集成材に携わる会社として誕生した[4,5]．この動きはさらにヨーロッパのいくつかの国とスカンジナビア諸国に拡がり，ヘッツアーの息子が引き継いだ会社もその最盛期には従業員300人以上を抱える一大企業となった[4,1]．

2 ヘッツアー型集成材の発展

本節では，1910年〜1911年にスイスで出版された構造物に関する文献に収録されていた図面や写真を基に，黎明期のオットー・ヘッツアー型集成材がどのように実際の構築物に適用され始めたのかを振り返ってみたい．

以下に紹介するのは，E・H・ベールという人物が執筆し，1910年5月に出版された『スイスの建築』という雑誌に紹介された黎明期の集成材建築物の図面と写真である（図4.5〜図4.9）[4,3]．これらの建物はヘッツアーが取得した様々な特許に基づいて建設されたものであろうと考えられる．ただ，この雑誌はドイツ語の花文字で印刷されており，内容解読は困難を極め，建築物がいつ

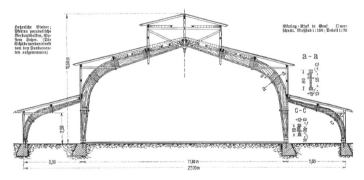

文献 4.3 より転載，ETH-Bibliothek

図 4.5 ●ジュネーブに建設されたスケートリンク

完成したのかもはっきりしなかった．唯一の手がかりは，図の説明箇所に Terner & Chopard の文字が散見されることで，雑誌の出版日と Terner & Chopard 社が活動を開始した時期とを合わせて考えると，図 4.5 〜図 4.9 のすべての集成材建築物の建設時期は 1909 年〜 1910 年頃に完成したものであろうと推定された．また，20 世紀初頭の集成材建築に造詣の深いスイス・チューリッヒ工科大学のエルンスト・ゲーリー名誉教授に確認したところ，この雑誌[4.3)]に収録されている建物はやはりいずれも 1909 年〜 1910 年頃に建設されたと考えられるとのことであった．

図 4.5 の建物はジュネーブに建設されたスケートリンクである．主屋も下屋も I 型断面[注3)]と呼ばれる曲げる力に強い構造で構成されたヘッツアー型湾曲集成材である．建物を横にずらそうとする力はコンクリートの基礎で支持された．

図 4.6 の建物は，チューリッヒ郊外のアルツステーテン地区に

第IV章　現代的集成材の幕開けとその発展　99

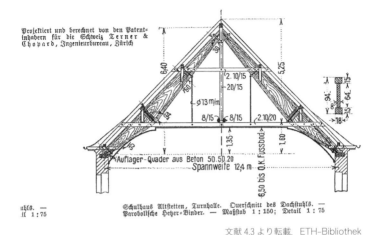

文献 4.3 より転載，ETH-Bibliothek

図 4.6 ● チューリッヒ郊外のアルツステーテン地区に建設された学校の体育館

建設された学校の体育館で，開き止めのタイバー[注4]が付いた傾斜屋根がヘッツアー型変断面複合梁もしくは集成材で構成されている．このヘッツアー型変断面複合梁は最大材せい 94 cm で，I 型断面をしていることが図 4.6 の右側の添図からはっきりと分かる．建築デザインと構造設計を担当したのは，Terner & Chopard 社である．なお，この傾斜屋根が，1901 年にスイス特許で認められた I 型断面の複合梁と同じ 3 層構造の木材複合梁（図 4.2 参照）

注3）図 4.5 中にも描写されているように，集成材の断面の形が英語の I という字のような形をした梁．梁の上下に位置するやや横長の矩形部分で梁を曲げようとする力の作用（モーメント）に耐え，真ん中の垂直に長い矩形部分でせん断力（梁を切断する力）に耐える構造．鉄骨の梁で最初に採用された．

注4）屋根が左右に開くのを防ぐために抵抗する引張棒．

であったのか，あるいは1906年にドイツなどで認められた特許に基づく多層積層湾曲集成材であったのかは，不明である．図4.6を見ると，傾斜屋根梁の中央部材に天然木材の板目模様が描かれており，この部分が接着積層材ではなく，1枚の厚い製材であった可能性は否定できない．しかし，集成材の黎明期に出版された建築雑誌であったため，原稿の著者が集成材の断面構成に慣れておらず，ヘッツアーの特許書類などを参考に，中央部材を天然木材のように描いてしまった可能性も考えられる．

図4.7は少し珍しい事例で，チューリッヒでの火葬場計画図である．ただし，実際に建てられたかどうかは文献には記載されていない．図の上部の円弧状集成材アーチが主に圧縮力を受け持ち，その下に張られた鋼製の弦が引張力を受け持つ「合成梁」の丸い屋根となっており，今で言うところの「張弦梁構造」である．設計はTerner & Chopardである．

図4.8-aとbはスイス・ウリ州の州都アルトドルフに建設中であった学校体育館の断面図と建設中の風景である．構造はヘッツアー型湾曲集成材の屋根頂部付近に開き止めのタイバーが付いている．建築デザインと構造設計は，Terner & Chopard社である．

最後の図4.9-aとbはローザンヌに当時建設中であったビューレガード・ホテルの断面図と建設中のスナップ写真である．2階の床にはヘッツアーの3番目の特許である「1枚の湾曲したラミナ材が材中にサンドウィッチされた複合梁」（図4.3参照）が使われた（詳細は後述する）．施工はローザンヌのEd. Bugnion社，建築デザインと構造設計は，Terner & Chopard社である．

E・H・ベール執筆の『スイスの建築』[4.3)]に掲載されたこれら

第Ⅳ章 現代的集成材の幕開けとその発展 101

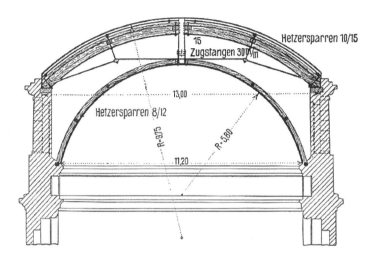

Krematorium Zürich. — Projekt. — Grundriß und Querschnitt. —
Maßstab 1 : 150. — Dach: Vollwandbogen System Hetzer mit Zugstange.
Gewölbe: Hetzersche Bogensparren. — Terner & Chopard, Zürich

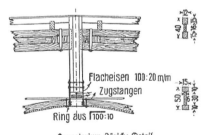

Krematorium Zürich; Detail.
Maßstab 1 : 75

文献 4.3 より転載，ETH-Bibliothek

図 4.7 ●チューリッヒでの火葬場計画図

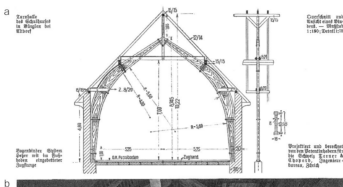

文献 4.3 より転載，ETH-Bibliothek

図 4.8 ● スイス・ウリ州の州都アルトドルフに建設中の学校体育館
a：断面図
b：写真

第Ⅳ章 現代的集成材の幕開けとその発展 103

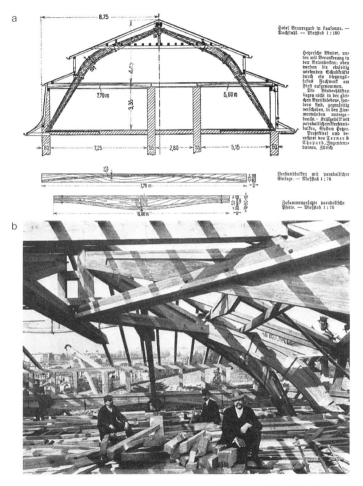

文献 4.3 より転載,ETH-Bibliothek

図 4.9 ●ローザンヌに建設されたビューレガード・ホテル
a：骨組断面図
b：建設中のスナップ写真（背景に木製の滑車が見える）

一連の集成材の図は実に丹念に描写されているように見える．しかし，木材の専門家の目で見ると，どうにも腑に落ちない描写である．それは，上述したように，I型断面の梁と柱の中央部分が木材の板目模様に描かれていることである．

湾曲集成材は3章のエミー大佐のところでも詳しく述べたように，ラミナと呼ばれる薄い板を曲げながら積層して接着一体化するものである．したがって中央の腹材部分も，当然何層かの薄いラミナで構成されていなければならない．もしこの部分に板目模様の厚い木材を用いるとなると，湾曲させることは不可能であり，第2章で紹介したフィリベルト・デロームのアーチのように，円弧状縦使い厚板を用いない限りこのような湾曲腹材は成立しないのである．なお，図4.6の傾斜屋根の梁は例外かもしれないが，後に出て来る図4.12-cや図4.12-eの写真において，腹材も何層かのラミナで積層接着されていることを確認されたい．

E・H・ベールの難解な記事[4.3)]に関して助言をもらったチューリッヒ工科大学土木工学科のエルンスト・ゲーリー名誉教授によると，この論文は「文字通りPh.D，すなわち，哲学博士が執筆したもので，工学的な論文とは言いがたい」というものであった．この指摘から，執筆者のベールはI型断面の集成材の本質を明確には理解していなかったようにも思える．いずれにせよ，この記事[4.3)]は集成材の黎明期に発表されたものであるため，当時は集成材の本質が建築雑誌の執筆者にも十分理解されていなかった可能性が考えられ，別の意味で興味深いことである．

オットー・ヘッツアーの1906年の湾曲集成材の特許は，図4.4で見たようにI型断面をことさら強調したようには描かれていな

かった．しかし，ベールの記事 4.3) に掲載されているほとんどの湾曲集成材は，上下の部材（フランジ）が薄く幅広で，中央の部材（ウェブ）のせいが長く幅の薄い鉄骨の断面を真似た明確な I 型断面に変わっていることを示している．常識的に考えると，矩形断面の集成材を造るほうが，I 型断面の集成材を造るよりもはるかに能率的で，作業もやりやすいはずである．それにも拘わらず，実際の建物に集成材を適用するにあたってあえて I 型断面を強調した理由を筆者なりに推定してみる．

オットー・ヘッツアーの特許使用権を最初に（1908 年から 1909 年にかけて）獲得した設計コンサルタントの Terner & Chopard 社は，建築デザインと構造設計の両方をこなすことのできる当時としては最先端の建築総合コンサルタントであった．当時新規に開発されたばかりの木製構造部材を用いて規模の大きな建築物を構造設計しようとした場合，新進気鋭の技術者は，製造効率の悪さという建物の性能には直接反映されない隠れた因子（製造側には負担となるが）よりも，大きな荷重に効率的に耐え，しかも鉄骨構造などでも常套的に使われていた I 型断面という「力学的合理性の高い形態」を，最優先に選択したのではないだろうか．

いま一つ興味深い事実は，オットー・ヘッツアーが 1903 年に取得した特許「矩形断面の木材の内部に湾曲した 1 枚のラミナを積層接着した複合梁」（図 4.10 参照） 4.1) のことである．後述するように，本当に効果があるのかないのかよく理解できないこの特殊な構造の梁が，接着積層集成材黎明期の 1910 年当時には，実際の建物に積極的に使われていたという事実を確認できたことで

文献 4.1, 4.3) より転載, ETH-Bibliothek

図 4.10 ●矩形断面の木材の内部に湾曲した 1 枚のラミナを積層接着した複合梁
この図は図 4.9-a の下から 2 番目の挿入図を拡大表示したものである.

ある.

この事実をさらに確かなものとするため,この特殊な構造の梁が実際の建物に使われていたことを示す別の事例をもう一件紹介し,その後改めて,この特殊な梁についてのうんちくを傾けたい.

1911 年 10 月 14 日に発行された「スイス構造物新聞」[4.2)] には,この「矩形断面の木材の内部に湾曲した 1 枚のラミナを積層接着した複合梁」が使われていた家具工場の事例が紹介されている(図 4.11-a,b 参照).

このチューリッヒのアッシュバチャー家具工場の建物の場合,用途が材料収納場で,2 階の床梁に作用する固定荷重が $1200\,kg/m^2$ という大きな値[注5)]であったため,意図的にこの特殊な梁せい 30 cm の「湾曲ラミナを挿入した複合梁」が使われたと解説されている[4.2)].

さて,図 4.10 に示す特殊な構造の「複合梁」であるが,筆者は以前からその存在を認識はしていた.しかし,このような「複

注5) 床 1 m 四方あたり 1.2 トンの重さの荷重が載ると仮定して床を設計する必要がある.

第IV章 現代的集成材の幕開けとその発展 107

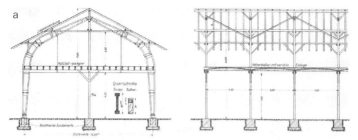

Abb. 11. Holzlager-Schuppen der Möbelfabrik Aschbacher in Zürich. — Masstab 1:200.

文献 4.2 より転載,ETH–Bibliothek

図 4.11 ●ヘッツアーの特殊な複合梁が床梁として使われたチューリッヒの家具工場の建物
a：建築図面.左の図面に特殊な複合梁の木口断面が,右の図には 2 階床梁として使われている状況（Hetzerbalken mit parabol,パラボラを持ったヘッツアー梁）が描かれている
b：建設中の家具工場の建物の写真

合梁」に果たしてどのようなメリットがあって，実際にどのように使われたのか，詳しく調べたことはなかった．今回，本書を執筆するにあたり，新たに徹底的な文献検索を行ってE・H・ベールの記事 4.3) を見つけたのであるが，この特殊な梁が建物の2階床梁に使われていた事実を初めて見て，非常に大きな興味を引かれた．

　発案者のオットー・ヘッツアーは，床にかかる長期の固定荷重を支えるのに，湾曲した1枚のラミナを木材の中にサンドウィッチした梁を使った方が「湾曲ラミナが引張力あるいは圧縮力を効果的に負担する」と考えたのであろう．しかし，より単純に，梁の上下縁に近い箇所に強度の強い材料を平行に配置した方が，製造もしやすく，材料の無駄も少なく，より効果的であったと考えられる．

　当時の研究者もやはりこの「特殊な梁」に関して筆者と同じような興味と疑問を合わせ持っていたようである．色々な研究者がその効果のほどを確かめるべく様々な実験をしたことがクリスチャン・ミューラーの本 4.1) に紹介されている．それによると，「特殊な梁」の方が強いという実験結果が出る場合もあったり，また別の実験では，ほとんど強度補強効果はないという結果が出たりして，効果のほどは明確にはならなかったようである．

　この特殊な複合梁を造るためには，上下の湾曲面を有する木材を正確に鉋掛けして接着に適したきめの細かい面を完成させねばならないので，かなり高度な木工技術が要求されたはずである．また，削り捨てる部分が沢山出て，木材の歩留まりもそれほど良くはなかったはずである．それでも非常に高い効果が期待できる

のであれば,特許製品として製造する価値はあったかもしれない.しかし,著しい効果が期待できるかどうかはっきりしない上に,製造が難しく,性能のバラツキもあったこの「特殊な梁」は,結果的には徐々に使われなくなってしまったようである[4.1)].

以上が文献の情報で見た黎明期の集成材構造物の状況であるが,以下においては,筆者が実際に建物を訪問し,所有者から少し話を聞くことができた現存する建物を取りあげてみたい.

3 現存するヘッツアー型集成材建築物について

最初に紹介する例はスキー場として世界的に有名なスイスのサンモリッツにある.建物はサンモリッツ湖の畔に建設された室内乗馬練習場で,1910年に建設された[4.1), 4.2)].筆者はサンモリッツ湖畔を散歩中に偶然この乗馬クラブを見つけたのであるが,研究者の直感で何かすごい由緒のある建物ではないかと思い,一緒に散歩をしていたドイツ人の共同研究者に中を見せてもらう交渉を頼んで,全くの飛び込みで内部の写真や管理者の話を聞かせてもらうことができた.今,その時の運の良さを,改めて思い起こしている.

図4.12は,2003(平成15)年に筆者が撮影した乗馬練習場の写真である.1910年に建設されたヘッツアー型湾曲集成材を使った築100年を超えて現存する建物である.この建物は,スパン方向(19.8 m)に4連の円弧状3ヒンジ湾曲アーチを4.9 m間隔に配置し,隅角部を含む両妻側に3本の円弧状湾曲集成材を放射状

2003年筆者撮影

図4.12 ● 1910年にヘッツアー型湾曲集成材で建設された室内乗馬練習場
a：サンモリッツの乗馬練習場外観
b：ヘッツアー型湾曲集成材による屋根構造
c：I型断面のアーチ部材
d：鉄板添え板式ボルト接合部
e：ヘッツアー型湾曲集成材の特徴がよく分かるアーチ付け根の近接写真

に配置し，さらに屋根中央部分にダブルの棟桁（これは集成材ではなく普通の製材と思われる）を通して桁行き方向（34.5 m）を構成している比較的珍しい形式である[4.1]．

一方，この建物に関するいくつかの図面と建設途中の貴重な写真[4.2]が残っている．図 4.13 の図 a は建物の断面図を，図 b〜図 d は 1910（明治 43）年当時の建設中あるいは完成直後の写真である．

さて，ヘッツアー型湾曲集成材の特徴を当時の文献資料と 2003 年に撮影した写真とを突き合わせながら比較検討してみたい．図 4.12-b あるいは図 4.13-c から分かるように，妻面の窓上部と隅角部分には長手方向にせいが変化している桁が配置されている．図 4.13-a の図面で確認するとこの桁の断面もやはり I 型断面のヘッツアー型集成材で，構造力学的に合理性の高い手の込んだ変断面 I 型集成材を丹念に造ったものだと感心させられる．なお，この変断面 I 型集成材梁は，図 4.9-a に示したローザンヌのホテルの断面図にも描き込まれていたが，ホテルの場合は建物のどの部分に使われたのかは不明であった．図 4.12-b の写真に見えるスパン方向の鋼製張弦材は補強のため 1917 年に入れられたものであり[4.1]，1911 年に出版された文献[4.2]から引用した図 4.13-c には当然描き込まれていない．図 4.12-c の写真はヘッツアー型湾曲集成材の特徴の一つである I 型断面部材を近接撮影したものである．

アーチの下弦材にはフランジ材[注6]を固定するために打ち込んだと思われる木栓，あるいは，スパイクのようなものが 2 個確認できるが，製作図面 4.13-a にはそれらしい記述はない．

112

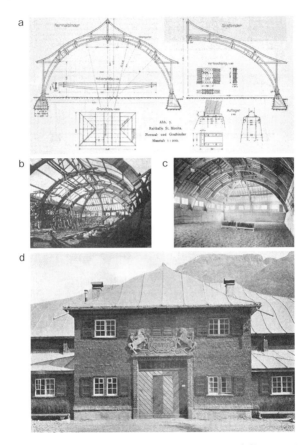

文献 4.2 より転載, ETH-Bibliothek

図 4.13 ●1910 年にヘッツアー型湾曲集成材で建設されたサンモリッツの室内乗馬練習場.
設計は地元の Nik. Hartmann & Cie とチューリッヒの Terner & Chopard による.
a：建物の断面図
b：建設途中の写真
c：完成直後の内部写真
d：完成直後の正面からの写真

図 4.12-d の写真は鉄板添え板ボルト接合部を写したもので，設計図 4.13-a や完成直後に撮影された図 4.13-b にも写っており，当初の設計で考慮されていた湾曲集成材アーチの継ぎ手であることが確認できる．写真 4.12-e はアーチ付け根の近接写真で，コンクリート製の腰壁に埋め込まれたように見える．なおミューラーの本によると，アーチ付け根の部分は完成後しばらくして腐朽したため，腐った部分を取り除きコンクリートを詰めて補修されたようである[4.1]．

最後に，初期のヘッツァー型湾曲集成材で建設され，築 90 年以上を経過した今もなお健全な状態で使用されているもう一つの集成材建築の事例を図 4.14-a, b に示す．場所はスウェーデン南部の海辺の都市のマルメ（Malmö）で，スパン 17.9 m[4.6] の正円に近いヘッツァー型湾曲集成材アーチが 4 列連なって鉄道の発着駅舎を構成している．

筆者は 1990（平成 2）年の秋に，当時の科学技術庁の中期在外研究という予算を受けて，スイスをはじめとするヨーロッパ数カ国において 3 カ月間集成材構造などの研究に没頭できる機会に恵まれた．その際，デンマークのコペンハーゲンの波止場から高速船に乗って対岸のスウェーデンのマルメに渡り，鉄道でさらに少し北に上ったルンド（Lund）という研究学園都市に通って研究をするという日々を数日間経験したことがあった．

その当時は歴史的な木造建築物に興味を示すだけの素養もな

注6）I 型梁の上下部分にある矩形断面の部分．

1990年筆者撮影

図 4.14 ● ヘッツアー型湾曲集成材で建設されたスウェーデンのマルメ駅舎[注7)]
a：マルメ駅舎の遠景
b：トップライト（明かり取り）部分

第IV章　現代的集成材の幕開けとその発展　115

1990年筆者撮影

図 4.15 ●ヘッツアー型湾曲集成材で建設されたスウェーデン・ルンド駅のプラットフォーム構造
a：ルンド駅のプラットフォームの支柱
b：掘っ立て柱形式の柱脚部分

かったので，途中のマルメ駅の貴重な建物についても，遠くからせいぜいスナップ写真を撮る程度であった．今考えると，なぜもっと近づいてじっくりと色々な部分の詳細撮影をしておかなかったのか，悔やむことしきりである．図 4.15 は同じくヘッツアー型湾曲集成材で建設されたスウェーデンのルンド駅のプラットフォームの屋根を支える支柱の写真を示す．I 型断面の集成材が

注7）マルメ駅舎は 2015 年 4 月現在も健在であることを確認している．

特徴的である．

　20世紀初頭にドイツで誕生し，スイス，オランダ，オーストリア，チェコスロバキア他ヨーロッパ数カ国で発展を遂げ，さらにデンマークやスウェーデンなどのスカンジナビア諸国に拡大したヘッツアー型湾曲集成材の技術は，やがて海を渡ってアメリカ合衆国に伝わり，その国でさらに進化を遂げた合成樹脂接着剤という新技術をともなって，その誕生から半世紀を経て，我が国に伝わることになる．

第Ⅴ章 | Chapter V

ヨーロッパから海を渡った集成材

1 アメリカ合衆国に伝わった集成材

　第一次世界大戦の敗戦によって，国の支払い能力を超えた賠償金の支払いを要求されたワイマール共和政権下のドイツは，1922年頃から未曾有のインフレーションに見舞われた[5.1)]．そのこともあって，1900年代前半に隆盛を極めたオットー・ヘッツアー株式会社も，1925〜1926年頃にはその終焉を迎えることになり，会社の技術者の中には新天地を求めて祖国を離れる者もいた[5.2)]．

　マックス・ハニッシュ卿（Max Hanisch, Sir：1882-1950）はドイツのポメラニア地方に生まれ，ドイツの工科大学で建築学を学んだ後，オットー・ヘッツアーが湾曲集成材アーチの特許を認められた1906年頃からヘッツアー社の技術者として活躍していた[5.3)]．彼は一度，自分の会社を設立したものの，第一次世界大戦の影響で頓挫し，1923年にヘッツアー型集成材の技術をともなってアメリカ合衆国に移民として移り住んだ．

　彼は最初，アメリカのデトロイトに短期間居住したが，すぐにウィスコンシン州ラシーネに移った．アメリカに経済的な基盤が

なかった彼は，ラシーネを中心に木造以外の建築構造設計業にも精力を注ぎ，鉄骨建築の分野で徐々に業績を重ねていった[5.3]．1931年になってミルウォーキーの建築会社の主任技師となった彼は，木造アーチ屋根を構成する構法の開発を担当することになる．そこで彼が基盤としたのは，ドイツ由来の「ラメラ構法」だった．ラメラ構法はドイツのフランツ・ゾーリンゲンが20世紀初頭に開発した画期的なアーチ屋根構造で，短い木材（短尺製材）を互いに斜めに接合して3次元曲面の立体アーチ屋根を構成するものである（図5.1）．この構法は木材使用量が節約できるということで，ドイツでは集合住宅の屋根構造をはじめ，多くの中規模建築物の屋根構造に採用された．ハニッシュはラメラ構法によく似た木造アーチ屋根構法を開発し，教会やダンスホール，アイスホッケー競技場など多くの建物の設計を手がけた[5.3]．

　1934年になって，ハニッシュはウィスコンシン州ラシーネのペシュティゴ高校の体育館の骨組み架構の設計に関わる機会を得た．彼は，自らが開発を進めてきたラメラ構造に類似したアーチ屋根構造で体育館を建設する計画案を学校建設委員会に提出した．しかし，その提案は受け入れられず，色々な検討が委員会で重ねられた．最終的に採択された建設案は，彼がドイツ時代にヘッツアー社で培った接着積層集成材技術を応用して，体育館の骨組み架構を建設するというものであった[5.3], [5.4]．ここにアメリカ合衆国における記念すべき第1号の集成材建築物がようやく誕生するかに見えた．しかし，集成材アーチの建設は一筋縄では行かなかった．ハニッシュの頭を悩ませた一つの問題は，集成材アーチをどこの工場で誰が製造するかという問題であった．

第Ⅴ章 ヨーロッパから海を渡った集成材

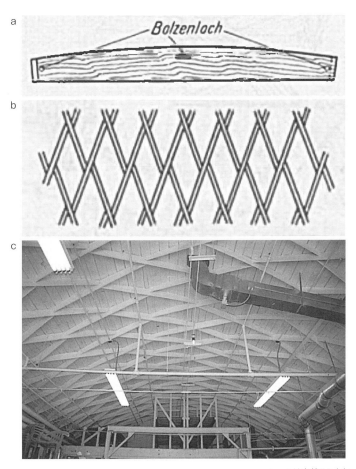

a，bは文献5.5より

図5.1 ●ラメラドームの例
a：一つの短尺部材（Bolgenloch：ボルト孔）
b：短尺部材同士の組立て
c：アメリカにおけるラメラドームの実例．1996年マジソン林産試験場を訪問時に筆者が撮影した実験室の屋根．

アメリカで現在でも続いている手造りボート製造会社（トンプソン・ボート会社）がペシュティゴに本拠を置いていた．幸いなことに，このボート会社には，ボート用のマストや船の重要な構造材である竜骨材などを製造する工場，そして何よりも大切な，木材のラミナを接着積層してボート用集成材を造る技術とベテランの従業員がいた．

しかし，顧客から個別に注文を受けて製造を開始するボート製造業は春から夏が忙しく，秋から冬にかけては仕事がなくなるという変則的な状態が一つの悩みであった[5.3), 5.4)]．

このボート製造会社が有する接着積層技術と製造工場という魅力的な要素は，建築用の集成材をどこで製造するかということを模索していたハニッシュの条件にうまく合致した．また，トンプソン・ボート会社としても，ボート需要がない時期に建築用の集成材を造るという話はむしろ好都合であった．そこで，ハニッシュ家とトンプソン家は，新しい集成材製造会社であるユニット・ストラクチャー社（Unit Structure Co. Ltd.）を設立した．初代の社長はトンプソン家から選ばれた[5.3), 5.4)]．こうして，集成材アーチの製造者の問題は，その後のアメリカの集成材技術の発展にとって好ましい方向で解決することになった．

ハニッシュを待ち受ける次なる難関は，建築許可の問題であった．当時のアメリカでは，集成材は未知なる建築材料であった．そのため，建築許可を与えるウィスコンシン州の工業許可局は，接着接合だけでは構造的に不安であるという理由から，アーチ各部に鉄の板を添えて，ボルトなどで補強することを条件に建設を認めた．このような金物による補強は，現在の木材工学の見地か

ら見ると全くナンセンスなものであるが,何分にも建築に接着接合部材を用いた経験のなかった時代であったので,ユニット・ストラクチャー社としては,当局の指導に従わざるを得なかった.

こうして,紆余曲折はあったものの,1934年10月15日にペシュティゴ高校の体育館は,ところどころが金物で補強された接着積層集成材アーチという珍しい形態で無事完成した(図5.2参照).なお,アメリカでの集成材の歴史に詳しい歴史家で文献5.3および文献5.4の著者であり,1970年頃事業終了したユニット・スト

写真の提供は Andreas Jordahl Rhude 氏のご厚意による

図 5.2 ● アメリカ合衆国で最初に接着積層集成材アーチで建設されたペシュティゴ高校の体育館の竣工時の写真(撮影は 1935 年初め頃).集成材アーチ湾曲部や梁上方の屈曲部に帯鉄で補強してある箇所が見える.

写真の提供は Andreas Jordahl Rhude 氏のご厚意による

図 5.3 ● 1985 年にそれまでの体育館から図書館に改造され，現在でも健全な状態で利用されているペシュティゴ高校の集成材建築物．

ラクチャー社を引き継いで新しい集成材会社（Sentinel Structures, Inc.）の社長となった Andreas Jordahl Rhude 氏からの情報によると，このアメリカで最初の集成材建築物は 1985 年に体育館から高校の図書館に改造され（図 5.3 参照），2015 年 10 月の時点においても，健全な状態で利用されているそうである．

さて，話を 1930 年代のアメリカ合衆国に戻したい．

ペシュティゴ高校の体育館が完成した 1934 年頃，アメリカ農務省マジソン林産試験場のウィルソン（T. R. C. Wilson）は，ヨー

第Ⅴ章　ヨーロッパから海を渡った集成材　123

文献 5.6 より転載

図 5.4 ● 1934 年に完成したマジソン林産試験場の試験建物

ロッパにおける集成材建築物の状況を調査し，アメリカ独自の立場で集成材の可能性を確かめるためのプロジェクト研究を開始した．ウィルソンを中心としたプロジェクトチームは，マジソン林産試験場の敷地内に湾曲集成材を骨組みとする試験用建築物の建設を計画していた．

試験用建築物に組み込むすべての骨組みの製造は，上述したハニッシュ家とトンプソン家が共同で創設した新会社のユニット・ストラクチャー社に委託した．この研究用の試作建築物の建築こそが，その後のアメリカ合衆国における集成材の発展を大きく加速させる源となった．

図 5.4 はウィルソンらが試験用にマジソン林産試験場の敷地内に建設したスパン 13.7 m，桁行き 48.8 m，高さ 5.7 m の試作建物の内部を示す．9 連のアーチが 4.8 m 間隔で配置された．この建物は元々研究が目的であったため，9 連のアーチをすべて同じ種

類の構造とするのではなく，性能を比較検討する目的で3種類の異なる構造のアーチが用いられた．

すなわち，中央5連の骨組みにはDタイプ（図5.7参照）と称するヘッツアー型の矩形断面集成材アーチが用いられ，建物長手方向の一番奥の壁のある部分（妻面と呼ぶ）に近い外側2連の骨組みには，Cタイプ（図5.7参照）と称する複合アーチが使われた．このCタイプのアーチは，全断面が純粋な集成材から構成されているのではなく，断面の中央部分に2枚の合板を配し（複材と呼ばれるこの部分で部材を切断しようとする力に耐える），断面の上下部分（弦材と呼ばれるこの部分で，主に部材が曲がる際の引張力と圧縮力に耐える）にヘッツアー型の集成材を使った複合断面構成のアーチであった．そして妻面に接した外側の骨組には，当時の最新式接合金物で各節点を構成したトラスアーチ（比較的短い製材品で三角形の枠組を構成し，その三角形構造を長手方向に延長して長いスパンの組み立て梁とする構造）が用いられた[5,6]．

図5.5は試験建物の建設途中（1934年頃と思われる）の写真である．この試験建物に組み込まれた集成材は，含水率8％に調整された厚さ1インチ（2.54 cm）のイエローサザンパインのラミナで構成されていた[5,6]．注目すべきは，この集成材に使われたラミナは無節のものだったことだ．商業用集成材のラミナには製造規準で許容される範囲で節が含まれるのが普通である．しかし，このマジソン林産試験場の試験建物の場合は，何分にも国の研究機関が主体となって進めた初の試みであったため，商業ベースでは考えられない高価な節のないラミナが用いられたものと考えら

第Ⅴ章　ヨーロッパから海を渡った集成材

文献 5.6 より転載

図 5.5 ●マジソン林産試験場の試験建物の建設状況

れる．最外層のラミナだけは幅矧ぎ(ラミナを幅方向に接着して広い幅のラミナとすること)しない一枚ものの幅広のラミナが使用され，Gの字型をしたクランプ(図5.6)で圧縮するスカーフ

注8) ラミナを斜めに1/12程度の角度で切削して，斜めの面同士を接着剤で繋ぎ合わせる方法．ラミナを長手方向に接着する方法の中では最も信頼性が高く強度性能も高い方法である．しかし，木材を削り捨てる部分が多いことと，接着が完成するのに一晩静置せねばならないことから作業能率が悪いので，より効率的なフィンガージョイントに取って替わられた．なお，フィンガージョイントについては，第1章を参照．

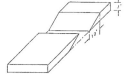

文献 5.6 より転載

図 5.6 ●最外層ラミナの縦接合に使われたスカーフ接合法

接合法[注8]で縦接合された.

スカーフ接合に使用された接着剤はヘッツアー型集成材と同じカゼイン接着剤（牛乳から造られる接着剤）であった．最外層以外の部分のラミナは幅の狭いラミナとやや幅広のラミナを組み合わせて，突き合わせ面が重ならないよう配慮されて積層された（図 5.7 の D の写真参照）．なお，ラミナの幅方向を接着したかどうかについては，「特に考慮を払わなかった」という意味深長な記述がウィルソンの論文[5.6]に残されている．

必要な長さに縦接合されたラミナは，実体は不明であるが「接着剤塗布装置」を用いて両面にカゼイン接着剤が塗布されて積層接着された[5.6]．アーチならびにトラスの製造は，最初にも述べ

第V章 ヨーロッパから海を渡った集成材　127

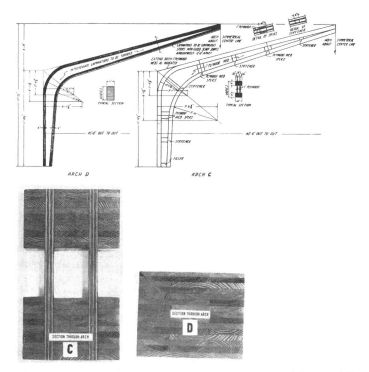

文献 5.6 より転載

図 5.7 ●マジソン林産試験場の試験建物に使われたCおよびDタイプのアーチ設計図と断面写真

文献 5.6 より転載

図 5.8 ●砂袋を用いた試験建物中央部分の集成材アーチへの長期載荷実験の状況

たように，ウィスコンシン州ペシュティゴのユニット・ストラクチャー社が請け負った．その際，建物に組み込むアーチ以外にも，同じ仕様で製造された半スパンのアーチ試験体が相当数製造され，それらはマジソン林産試験場の試験装置を用いて破壊強度実験に供試された[5.3]．

試験建物の完成後，建物中央部分の3連の骨組みを測定対象とした長期間に渡る荷重裁荷実験が実施された．荷重は砂袋を用いて与えられたが，最初にスパン半分の領域に均等配置され，その後図 5.8 に示すように，スパン全体に均等配置されて3連の集成材アーチのたわみ量が約 200 日間にわたって定期的な時間ごとに計測された．

最近発表された研究論文によると，当時砂袋で載荷された荷重は合計で 140 kN に達し，当時想定された設計荷重の 1.42 倍に上る過剰な荷重が裁荷されていたそうである[5.8]．しかし，この荷

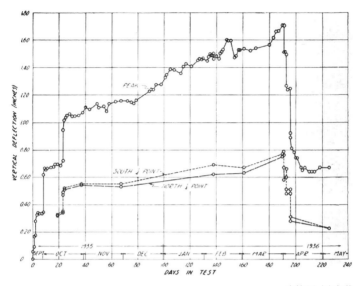

文献 5.6 より転載

図 5.9 ●マジソン林産試験場の試験建物を使った長期載荷実験の結果

重算定の間違いは，カゼイン接着剤で製造されたアメリカ初期の集成材が非常に優れた長期裁荷性能を有していたことを逆に裏付ける結果ともなった．

図 5.9 は長期載荷実験の結果を示す．1935 年の 9 月に載荷が開始され，1936 年の 4 月に徐荷されるまでの期間に，建物中央部分のアーチ頂部は約 1.7 インチ（4.3 cm）たわみ，その両側のアーチのたわみは中央部分の半分以下であったことがこの実験から分かった．

アメリカ合衆国では，上述した試験建物のプロジェクト以降，

合成樹脂接着剤（化学的に合成された接着剤）の研究が盛んに行われた．現在の構造用集成材に使用されている最も信頼性の高いレゾルシノール樹脂接着剤は，第二次世界大戦中の1942年にアメリカで開発されたものである[5.9]．

　以上，ヨーロッパから海を渡ってアメリカ合衆国で新たな第一歩を踏み出した水平積層接着集成材にまつわるストーリーを，やや長々と紹介してきた．実はこのマジソン林産試験場に建てられた集成材試作建物とそこに使われていた集成材については，その後に意外な試練と驚きの顛末が待っていた．

　最初の試練は，時期ははっきりしないものの，建物中央部付近の集成材アーチの足元が電気ヒーターの加熱により少し焦げるという事故に遭遇したことであった．さらに2010年に至って，築75年の貴重な歴史的建造物が解体されることになった．貴重な建物をあえて解体せねばならなかった理由はよく分からないが，解体された集成材アーチに関しては，様々な「科学的な研究」が行われ，結果については最近報告された論文[5.8], [5.9]に詳しく述べられている．

　そして，筆者にとって全く想像すらしなかった最大のサプライズは，この解体された集成材から切り出されたサンプルの一つが，マジソン林産試験場の接着剤研究者であるチャールス・フリハート氏によって2015年3月16日に筆者に手渡されたことであった．東京で木材科学に関する国際シンポジウム IAWPS2015 が開催され，たまたま筆者が集成材の発展に関するテーマで基調講演を行った際，マジソン林産試験場の試験建物についても少し紹介した．会場で筆者の話を聴いていたマジソン林産試験場から参加し

第Ⅴ章 ヨーロッパから海を渡った集成材　131

図5.10 ●マジソン林産試験場の試験建物に使用され，築75年後に解体された集成材から採取されたカゼイン接着剤で造られた集成材のサンプル（チャールス・フリハート氏から筆者へのプレゼントでマジソン林産試験場のクレジットが添えられていた）

ていたフリハート氏が筆者に質問をし，その質問の意味が良く理解できなかったことがきっかけとなって，講演後に彼と意見交換をすることとなり，最後にこの極めて貴重なサンプルをプレゼントされた次第である（図5.10）．筆者にとっては，何者にも代え難い素晴らしい贈り物である．

2 日本における集成材の始まり

　日本で水平積層接着集成材が建築構造物に初めて使われたのは，終戦から6年経った1951（昭和26）年のことである．その

写真は林知行氏のご厚意による

図 5.11 ●日本で最初に建築物に接着積層集成材が使用された森林記念館の建設中の写真．

建物とは，日本林業技術協会（現在は一般社団法人日本森林技術協会）が東京都千代田区六番町に建設した「森林記念館」であった[5.9], [5.10]．図 5.11 は建設中に撮影された 2 枚の写真である．

この集成材の接着剤には，1920 年にアメリカで特許が取得されたユリア樹脂接着剤が使用された[5.11], [5.12]．尿素を原料とする熱硬化性樹脂であるユリア樹脂接着剤は，接着強度が高く，産業用接着剤としてはコストも低かったので，アメリカでは一時期年間 100 万トンものユリア樹脂接着剤が木質材料の製造に使われたと言われている．一方，日本では戦前，戦中にかけて合板の製造にユリア樹脂接着剤を使用していた経験があり，日本最初の集成材も日本の木材産業分野で実績のあったユリア樹脂接着剤が使用されたものと推定される．

森林記念館の建築物に関する技術的な資料は，筆者の調査した範囲では，あまり多くはない．一つめは，建物が建設された 1951 年の翌年に発表された菅野箕作氏の資料[5.11]で，もう一つは完成から 4 年後に発表された竹谷公一朗氏の資料[5.12]である．それらの貴重な資料によると，森林記念館に使用された集成材アーチの実体は以下の通りであった．

① アーチ内径は 14.45 尺（約 4.4 m），アーチ外径は 15.20 尺（約 4.63 m），集成材の梁せいは 0.75 尺（約 228 mm）で，集成材の幅は 0.5 尺（約 150 mm）であった．
② ラミナの樹種は山形県産のスギで，厚さ 5 分の板（約 15 mm 厚の挽き板），等級は 2 等並材（マジソン林産試験場の試験棟のように特別な高級品は使っていない）を購入した．人工乾燥

により含水率を10％とし，プレーナー（機械送り式自動鉋盤）で4分2厘（約12.6 mm）の厚さに仕上げた．ラミナは12尺（約3.6 m），10尺（約3 m），8尺（約2.4 m），4尺（約1.2 m）の4種類に分割し，スカーフジョイント（スカーフ比は12：1，図5.6と注7参照）で総長さ28尺（約8.4 m）に繋ぎ合わせた．積層接着用の接着剤にはN社製の尿素ホルマリン樹脂（ユリヤ樹脂接着剤のこと）を使用し，半径15尺（4.5 m）の治具にラミナを18層重ね，圧力約7 kg/cm^{2}で圧締接着した．その際，ラミナのスカーフジョイント部分が同じ位置に重ならないように縦接合されたラミナの積層順と方向に配慮した．

③ 集成材の積層接着力をマジソン林産試験場にて採用している方法を用いてテストした結果，接着部剪断応力（接着層を水平にずらす力を加えて接着部分を破壊させた際の単位面積あたりの力）は平均で1036 lbs/in^2（7.14N/mm^2），木破率は平均90％（試験片数17個，含水率平均12.6％）であった．

ここで，注目すべき点は，日本で初めて建築物に使用された集成材の接着力の評価を「マジソン林産試験場にて採用している方法を用いてテストした」という点である．このことは，日本の集成材が手本としていた技術は，この時すでに本家のドイツではなく，ドイツの技術を引き継いでさらにそれを強力に発展させたアメリカに移っていたことを物語っている．

さらに注目すべき点は，この時評価された日本のスギ集成材の接着性能が，アメリカのダグラスファー集成材に要求される許容値（接着部剪断応力＞1015 lbs/in^2，木破率平均＞75％）を十分

クリアする優秀な成績であったという点である．

すでに述べたように，マジソン林産試験場の集成材には無節のラミナが使われたが，日本最初の建物に使用された集成材は，竹谷氏の資料[5.12]より，スギの2等並材が使用され，特別上等な材料は使っていなかった．それでも優秀な接着性能が発揮されたということは，特に精魂込めて大事に製造したのであろう．何はともあれ，世界一の性能を誇るダグラスファー集成材と肩を並べる接着性能を日本第1号の集成材が発揮していたという事実は，我々後輩の木材研究者にとっても，誇らしいことである．

ところで，菅野氏の資料[5.11]によると，1951年に完成した森林記念館の建設には，林業試験場，建築研究所，日本大学工学部，民間の建築会社，木材材料メーカーの5者が協調して当たったと記されている．また，日本建築学会が提供しているデジタルアーカイブの記事[5.15]には，この集成材アーチの建設は，当時の建築研究所の森徹博士の指導の下に実施されたと記載されている．ここで，注目すべき集成材の製造元であるが，竹谷氏の資料[5.12]には，「鹿島建設技術研究所で設計され筆者が製作を依頼された」と記載されているので，集成材の製造は竹谷氏の所属していた会社で行われたと考えるべきであろう．文献5.12の末尾を見ると，執筆者であった竹谷公一朗氏の肩書きは「タケヤ合板研究所代表者」と記載されている．したがって，1951年に日本で初めて建築物に使用された湾曲集成材は「タケヤ合板研究所」という会社で製造されたようである．

なお，日本集成材協同組合（日集協）が2011年にとりまとめた資料[5.14]によると，この建物を造るにあたって，「初めてのこ

文献 5.17 より転載. 森林総合研究所

図 5.12 ●森林総合研究所の林産展示室で展示されている記念すべき集成材
a) 林産展示館の内部
b) 森林記念館で使われていたスギ湾曲集成材の一部

となので,荷重のあまりかからないところということで,2階会議室の屋根に使用された」と記述されている.確かに図 5.12 の写真を見ると,集成材アーチは2階にやや控えめに配置されており,日集協の説明は十分納得できるものである.

日本初の接着積層集成材が使用された森林記念館に関する情報については,上述した内容が筆者の知り得たすべてであり,この建物がいつ解体されたのかは不明である.なお,この建物に使われていた湾曲集成材の一部は,現在,つくば市にある森林総合研究所の林産展示室に保管・展示されている(図 5.12 参照).

日本林業技術協会の森林記念館が完成した翌年の 1952(昭和 27)年には,当時日本で唯一の集成材製造会社であった三井木材

工業が，北海道産のニレをラミナとし，ユリア樹脂接着剤で製造したスパン 11 m の集成材山形ラーメン架構[注9)]を，自社の製品倉庫として北海道の置戸町に建設した[5.14), 5.16), 5.18)]．なお，この三井木材の製品倉庫については別の情報もあるが，本書では日集協の資料[5.14)]，三井木材の資料[5.16)]，ならびに，北海道開発局土木試験所の文献[5.18)]に記載されている内容，すなわち「昭和 27 年三井木材株式会社置戸工場製品倉庫の資料を載せて一般の参考としたい」という記述から，1952（昭和 27）年に我が国で 2 番目の接着積層集成材構造となる建物が北海道の置戸に建設されたと判断した．

3 | アメリカの強み

　20 世紀初頭にドイツのワイマールで誕生した接着積層集成材の技術的発展は，1920 年代のドイツの経済的破綻によって，本家のドイツでは一時停滞した．一方，海を渡ってアメリカ合衆国に伝えられた集成材技術は，マジソン林産試験場での精力的な研究を経て，1935 年以降，アメリカ合衆国においてさらに大きく発展することになる．

　アメリカの集成材技術が急速に世界の No.1 に躍進した要因の

注9）両側の柱脚部 2 点と頂部の 1 点の合計 3 点でピン接合された野球のホームベース状の形をした集成材骨組み架構のこと．

一つは，第二次世界大戦（1939年〜1945年）の勃発によって，強大な国力を誇るアメリカ合衆国においてすら，戦時物資の代替品を新たに見いだす必要があったという事実が挙げられる[5.3),5.4)]．また，ドイツのヘッツアー型集成材はあくまでもI型断面という製造コストのかかる集成材を製造していたのに対し，アメリカ合衆国ではいち早く製造効率の高い矩形断面の集成材に的を絞ったことも，アメリカ合衆国が集成材大国に急成長した要因の一つであったと言われている[5.3)]．

過酷な軍事利用にも耐えられる高性能な構造用集成材を製造するために，アメリカ合衆国では新しい合成樹脂接着剤の開発に精力を傾けた．ヨーロッパ生まれのカゼイン接着剤に替わる新しい合成樹脂接着剤として，ユリア樹脂接着剤，フェノール樹脂接着剤，そしてレゾルシノール樹脂接着剤などをいち早く工業的に実用化させることに成功した．

1950年代初頭に欧米の木材工業を視察した当時の林業試験場の小倉武夫氏は，アメリカの集成材工業の勢いは目を見張るものがあり，一方ドイツではほとんど見るべきものはなかったと印象を記述している[5.7)]．また，戦後間もない我が国の集成材研究の黎明期に，木造船への集成材の応用に関してユニークな研究を展開した高見は，「アメリカの強みは過酷な軍事利用にも耐えられる高性能な構造用集成材の製造技術と製品管理のノウハウを官・民・軍が総力を挙げて確立したことによる」と，記述している[5.19)]．

以上，海を渡った集成材の波瀾万丈の生涯について述べてきた．日本で最初に建築物に使われた集成材は，その遠い源流をたどればドイツのヘッツアー型集成材に遡ることになろう．しかし実際

には，日本の集成材技術の実質的な原点は，アメリカ合衆国の集成材技術であったと言えよう．

第Ⅵ章 | *Chapter VI*

世界最初の集成材建築にまつわる二つの謎

1 | バーゼルで建てられた音楽堂

　集成材に関する書物や集成材関連企業のホームページなどを見ると，最初の章で集成材の歴史を紹介している場合が多い．我が国を含め，ヨーロッパ以外の多くの先進国においては，「世界最初の集成材建築は1893年にスイスのバーゼルで開催された歌謡大会の会場に建てられたオーディトリアム（auditorium，音楽堂）であったと言われている」という表現を目にするであろう．さらに，「スパン40mの湾曲集成材による3ヒンジ山形ラーメンで構成されていた」というより具体的な説明が付け加えられている場合もある．しかし，いずれの紹介においても，例外なく，写真や図面は一切示されておらず，その歴史的事実を直接証明できる引用・参考文献が示されたこともない．万一引用先が示されていたとしても，大抵はある一つの有名なハンドブックにたどり着くのである（ハンドブックの名前は，その名誉のために伏せておきたい）．

　筆者は，この「1893年のバーゼルのコンサートホール」に関

する世間の定説が果たして真実なのか否か,数年前から素朴な疑問を感じていた.そのため,何らかの写真,図面,あるいはその建物を紹介している学術文献を捜す努力をずっと続けてきた.そして,2014年から2015年にかけて,一つの決定的な文献と巡り合うことができた.

その文献とは,バーゼルのコンサートホールが建設されたのと同じ年の1893年に発行された Schweizerische Bauzeitung,直訳すると「スイス構造物新聞」という,スイスで建設された注目すべき構造物に関する記事が掲載されている新聞(雑誌)である[6.1].

1893年8月19日に発行されたその新聞の記事によると,1893年度のスイス連邦歌謡祭は7月8日から10日までバーゼルで開催された.この3日間のために,仮設構造に近い音楽ホールが設計された.設計者はバーゼル在住のポール・レベル(Paul Reber)とW・ルッツ(W. Lutz)の二人の建築家であった.図6.1にその構造物の基礎の平面図を,図6.2に1階床の平面図と建物骨組みの側面図を示す.図6.1から,スパンは42 mで,定説となっている40 mとほぼ等しい大きさであった.一方,桁行き方向は107.4 mという巨大なコンサートホールであった.

図6.2の中に記載されている "Konzerthalle für das eidg. Sägerfest in Basel" とは「バーゼルでの連邦歌謡祭のためのコンサートホール」という意味である.また,図6.2の右側が舞台で,主として歌を歌うスペースで,左側が観客のための広いスペースである.

スイス構造物新聞によると,このコンサートホールの収容可能人員数は,観客が6500人,歌い手が3500人,合計10000人という大規模なものであった.図6.1に示すように,ステージの下で,

第VI章　世界最初の集成材建築にまつわる二つの謎　143

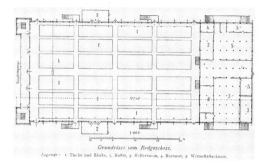

文献 6.1 より転載，ETH-Bibliotek

図 6.1 ● スイスのバーゼルで 1893 年に開催された連邦歌謡祭ホールの基礎の平面図
1．テーブルとベンチ，2．朝食場所，3．地下室，4．設計室，5．多用途空間．図中の黒い点は後述する骨組みの柱に相当する部材が基礎に接地する場所．

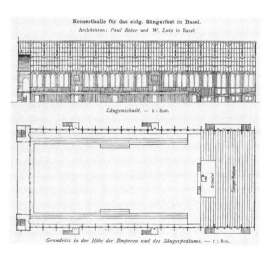

文献 6.1 より転載，ETH-Bibliotek

図 6.2 ● スイスのバーゼルで 1893 年に開催された連邦歌謡祭ホールの 1 階床平面図と建物の骨組み側面図

文献 6.1 より転載．ETH-Bibliotek

図 6.3 ●バーゼルで開催された連邦歌謡祭のためのコンサートホール外観パース（ポール・レベル画）

飲み物と冷たい食事を注文することができる場所が用意された[6.1]．

　図 6.3 はポール・レベルの作によるコンサートホールの外観パース（建物の外観や室内を立体的な絵で表現して，建物のイメージを分かりやすく表現したもの）である．この 1893 年に開催された連邦歌謡祭のコンサートホールの外観パースについては，比較的新しい別の文献[6.2]にも，図 6.3 と同じシルエットのスケッチが紹介されており，図 6.3 に示す外観が問題のコンサートホールであったという信憑性を二重に確認することができた．

　さて，最も注目すべきコンサートホールの骨組み構造の図面を図 6.4 に，また当時撮影されたコンサートホールの内観写真を

図 6.5 に示す．

　図 6.4 ならびに図 6.5 から明らかなように，コンサートホールの骨組み構造は「湾曲集成材アーチ」ではなく，どう見ても「木造トラスアーチ」である．なお，別の文献[6.3]の記事の中では，この大きく円弧状のアーチ型トラス構造を das Stephan'sche Bogendach（ステファン型アーチ構造）と記述していた．図 6.4 から，コンサートホールの軒高さは 13.7 m，全高は 25.7 m であったことが分かる．また，図 6.5 の下に付けられた小さな字の説明によると，一見絵のように見える建物内観図は「バーゼルのボザート兄弟の写真による」と記されており，当時の写真のようである．しかし，かなり大きな対象を撮影した写真であるため，トラス部材が集成材であったかどうかを判断することは難しい．

　このスイス構造物新聞[6.1]が発行された 1893 年 8 月時点においては，まだオットー・ヘッツアーの接着集成材に関する技術は公表されていなかったので，おそらくこの記事を書いた記者もトラス部材が特別な接着集成材なのか普通の木材であるのかという点までは注目していなかったようである．記事には，コンサートホールの規模や照明に関する記述しか見当たらない．それによると，「昼間は両側の窓のブラインドを通して採光し，夜間は電気式アーク灯で照明した」となっていた．また，「歌い手の舞台の背景にはスイスの画家や装飾家による巨大な絵が描かれていた」という説明もあったが，残念ながら，トラス部材に関する説明やどういう人物（会社）がこの建物を施工したのか，ということについては何も説明はなかった．

　1893 年 8 月 19 日の「スイス構造物新聞」[6.1]の発行から 18 年

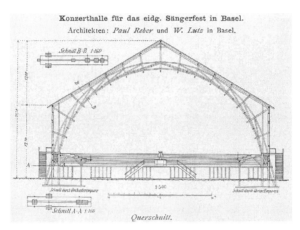

文献 6.1 より転載,ETH-Bibliotek

図 6.4 ●バーゼルで開催された連邦歌謡祭のためのコンサートホールの骨組み構造図

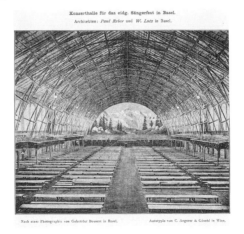

文献 6.1 より転載,ETH-Bibliotek

図 6.5 ●バーゼルで開催された連邦歌謡祭のためのコンサートホール内観

第Ⅵ章　世界最初の集成材建築にまつわる二つの謎　147

後の 1911 年 10 月 14 日に発行されたスイス構造物新聞では,「オットー・ヘッツアー型木構造（Die Hetzersche Holzbauweise）」と題する特集号 6.3) を組んでいる．その特集号では，1893 年にバーゼルで開催されたスイス連邦歌謡祭のためのコンサートホールのことを記事の冒頭部分で引用している．運の悪いことに，図面や写真は「22 巻（Bd.XXII）の 45 頁（S.45）にイメージを示す」と小さく脚注部分に示されただけで，記事そのものは文章のみによる引用であった．実際，「22 巻の 45 頁」という情報だけで，それが 18 年も前の 1893 年 8 月 19 日に発行されたスイス構造物新聞であることを認識することは，たとえスイス人であっても，かなり困難なことであろう．

しかも，その引用部分のすぐ後の段落で，オットー・ヘッツアーが 1906 年に取得した湾曲集成材の特許（DE197773）と，その集成材にまつわる記事が長々と展開されているので，この 1911 年 10 月 14 日発行のスイス構造物新聞 6.3) だけを読んだ人，特に我々のような非ドイツ語圏の人の場合，記事の内容を十分理解できないことが多いので，ひょっとすると誤解をしたのではないだろうか？

すなわち，1911 年 10 月 14 日発行のスイス構造物新聞の冒頭の記事「1893 年にバーゼルで開催されたスイス連邦歌謡祭のコンサートホールで建設されたスパン 40 m 超えの円弧状トラスアーチは，部材の長さと仮設構造物における木材の再利用という面で人々の注目を集めた」という部分と，それ以降に紹介されているオットー・ヘッツアーの湾曲集成材の特許に関連した記事とが短絡して，1893 年のコンサートホールの構造が接着積層集成材で

あったという解釈をしてしまった可能性はゼロではないであろう．

真違のほどは分からないが，上述したような可能性から，1893年のコンサートホールがヘッツアー型集成材アーチで造られていたという誤解が生まれ，それがそのままかなり影響力の大きな書物で紹介され，その後誰も疑うことなく，多くの孫引き引用が繰り返された結果，現在の「世間の定説」が誕生したのかもしれない．

今後，より厳密な真実性（Authenticity）に関する証拠が西洋建築史の専門家によって発表されることを期待したいが，この本を執筆している段階において，建築史については素人の筆者は「1893年にスイスのバーゼルで開催された連邦歌謡祭のためのスパン40 m超えのコンサートホールはオットー・ヘッツアー型水平積層接着集成材3ヒンジアーチによる構造ではなく，何らかの木材を組み合わせたステファン型アーチトラス構造で構成されていた」という見解をあえて残したいと思う．

2 現存最古の集成材建築：英国サザンプトンの結婚式場の謎

英語版のWikipediaで集成材，すなわちGlued Laminated Timberを引くと，現存する最古の集成材建築物は英国サザンプトン市の戸籍登記所の結婚式場として使用されている元キング・エドワードⅥ世校の校舎で，1860年に完成したものであると記述されている（2016年4月現在）[6.4]．また本書の執筆に強い動機を与え

第Ⅵ章　世界最初の集成材建築にまつわる二つの謎　149

たドイツ人のクリスチャン・ミューラーによる集成材の本[6.5]にも，現存する世界最古の集成材建築として，このキング・エドワードⅥ世校の校舎が，一切の論評を加えずにさらりと紹介されている．さらに，スイスの木構造，とりわけ木橋に造詣の深いチューリッヒ工科大学土木工学科のエルンスト・ゲーリー名誉教授の総説[6.6]においても，オットー・ヘッツアーの1906年の特許に対するちょっとした反証の一つとして，「世界最初の集成材は1860年に完成したキング・エドワードⅥ世校の校舎である」と写真入りでこの建物が紹介されている．つまり，ヨーロッパでは，現存する世界最古の集成材建築物は，英国サザンプトン市の戸籍登記所の結婚式場として使われている19世紀創建の建物であるということで，一応の同意が得られているように見える．しかし，その真実性（Authenticity）を科学的に裏付ける明確な証拠は何も見つかっていない．

そもそも筆者がサザンプトンの集成材建物の話を最初に聞いたのは，英国のバース大学土木・建築学科の木構造担当教授が筆者の元の職場を訪問した2010年のことであった．その際，傍証となる資料として，ロンドン大学土木工学科の名誉講師のL・G・ブース博士とダイアナ・ヘイウッド女史が執筆した論文[6.7]を紹介された．筆者は何度もその論文を読み返した．しかし，学術論文としてはかなり長文のその論文では，建物を設計した建築家で測量技師でもあったジョシアン・ジョージ・プール（Josiah George Poole：1818-1897）の人物像や業績，キング・エドワードⅥ世校の校舎建設に当時の学校関係者がどのように対応したかといった間接的な歴史的事実の描写が大半を占めていた．そして残

念なことに，どういう木材を使って，接着剤は何を使って，そしてどのような設計方法で集成材の断面寸法などが決定され，どのような製造方法で集成材アーチが製造され，どのように建物は建設されたのかという肝心の点については，何も書かれていなかった．

図 6.6-a～e は筆者が 2010 年にサザンプトン市バーグル街に現存する 19 世紀創建の建物を訪問した際に撮影した写真である．

見学に際してはあらかじめメールで予約をしていたので登記事務所側の対応は好意的であった．その際，建物の説明資料として事務所側から手渡された冊子は，なんとブース博士の論文[6.7]のコピーそのものであった．ブース博士の論文が，この建物を世界最古の現存する集成材建築物であるという「既製事実化」に確固たる学術的役割を果たしていることを認識させられた．

1994 年に，ブース博士の論文の共著者であるヘイウッド女史が建物を調査した際に記録した図面によると，結婚式場のアーチのスパンは 30 フィート（9.1 m），桁行き方向は 37 フィート（11.2 m），アーチはおよそ 9.4 フィート（2.9 m）間隔に 3 本配置されている．

図 6.6-e から分かるように，湾曲アーチ部材と屋根面を構成している直材の昇り梁とは，その接する 1 点においてボルトで固定されている．またその他の数カ所の部分でも，屋根構面を構成する補助部材とコーチスクリュー（大型のネジ）で固定され屋根構面全体の構造安定性が保たれている．

この建物は結婚式場ということもあって，図 6.6-b～e の写真に示す通り，湾曲アーチ部材を含め建物を支えるすべての骨組み

第Ⅵ章　世界最初の集成材建築にまつわる二つの謎

構造部材は白いペンキで完璧に塗装されており，よほどのことがない限り，アーチの積層界面の状態は人の目に触れることのないまま推移するであろう．

　しかし，筆者がブース博士の論文を読んでいて一番気になった点は，その論文の一節に，博士自身，明確な物的証拠が実は何もないことを自らも認識していると思える表現が残されている点である．肉眼で見た限りにおいては，限りなく接着積層集成材なのであるが，先にも述べたように，接着剤の種類，ラミナの樹種など肝心な情報が何も残っていないという中で，果たして，世界最古の現存する集成材建築と主張して大丈夫だろうか，というのが筆者の正直な気持ちである．

　ここで，英国における 19 世紀に建設された歴史的木造建築物の中で，接着集成材が使われていたことが確認されているいくつかの建物について少し触れてみたい．情報源は英国の集成材協会（Glued Laminated Timber Association：GLTA）のホームページ[6.8)]である．集成材協会自体は現在解散して存在していないが，ホームページだけは元の協会員によって維持されており，筆者も数回元秘書の方とメールを交換して，その誠実な対応に感謝している．

　ホームページの記事によると，英国には上記のキング・エドワードⅥ世校の校舎の他にも，19 世紀に建設された集成材建築物がいくつか実在していたようである．一番古いものは，1827 年にマンチェスターで建設されたオールド・ラスホルム街の鐘楼の屋根を覆っていたランタン型の屋根構造で，GLTA のホームページの記事によれば「動物の血液を接着剤としたリギダ松の集成材であった」ことを，L・G・ブース博士が確認したと述べている．

図 6.6 ●サザンプトン市バーグル街に現存する 19 世紀創建の建物
a：19 世紀に創建されたキング・エドワード 6 世校校舎の妻面側外観
b：集成材であると言われている湾曲アーチ屋根構造（ステンドグラスのある側の妻面）
c：集成材であると言われている湾曲アーチ屋根構造（反対側の妻面）

第Ⅵ章　世界最初の集成材建築にまつわる二つの謎　153

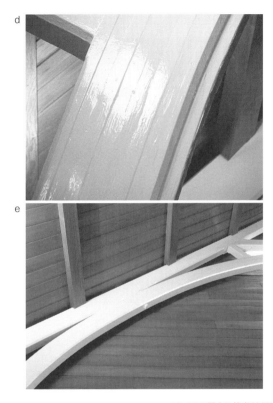

すべての写真は筆者が 2010 年に撮影

d：アーチ部材の近接写真．この部材だけは最外層に別の部材が追加されていた．
e：湾曲アーチ部材と直材昇り梁とが接する点での 1 本のボルトによる結束部

なお，この鐘楼は1962年に解体されたが，接着剤が使用されていたこととラミナの樹種が明らかになった理由は，おそらく，解体された屋根部材を分解して，その積層界面の状況とラミナの材質を研究者が直接検証できたためであろうと推察される．

これとは別に2棟の教会がキング・エドワードVI世校の校舎よりも前にリバプールの近傍に建てられた集成材の建物らしいとされている[6.1), 6.8)]．しかし，その2棟については，本当に接着積層集成材であるかどうかの学術的検証は行われておらず，このGLTAのホームページの執筆者は，「科学的な調査をするに値する建物であり，しかるべき調査を早急に実施するべきである」との前向きな意見を残している．

さらにキング・エドワードVI世校より少し後の1877年にノッチンガムに建設され，現在もカフェとして使われているオールド・モルト・クロス（Old Malt Cross）は，英国の木材研究開発機構（TRADA）が学術調査を行い，その屋根を支えるスパン14mのトンネル型ドームが欧州松の9層のラミナで構成され，動物の血液を接着剤として積層接着された断面145×405 mmの集成材であると明言している[6.8)]．TRADAは知る人ぞ知る世界有数の木材や木構造の研究・開発機構であり，その機関が発表した学術的調査は確かなものに違いない．ちなみに，このオールド・モルト・クロスは英国のGrade-II listed building（等級II登録建造物）として由緒正しい歴史的建造物であると認定されており，その認定機関のホームページ[6.9)]においても，オールド・モルト・クロスの屋根ドームは初期のlaminated timberであると記述されている．

さて，最後にサザンプトン市のキング・エドワードVI世校の校

舎に関する議論に戻りたい．上述したように，19世紀の初期から中頃にかけて，英国においては動物の血液を用いて接着積層集成材を造っていたという事例があり，その内の2棟については，研究報告は見つからなかったものの，真実性は検証されたようである．

しかし，そのような事例があったからといって，サザンプトン市に現存する19世紀中頃に建設されたアーチ屋根構造が「接着接合集成材によるアーチである」ということには直ちに繋がらない．やはり何らかの科学的検証，たとえば可搬式の軟X線撮影装置などを用いた検証実験を行い，釘，スパイク，広葉樹のダボなどの機械的積層治具の関与が無視できることを立証するなどしなければ十分とは言えないであろう．

筆者が現時点で言えることは，「科学的な検証が実施されるまでは，謎に包まれたままである」ということである．

第VII章 | *Chapter VII*

日本おける集成材構造建築物の発展

1 初期から最盛期までの一般的な状況

　日本の集成材および集成材構造物の発展については，日本集成材協同組合（日集協）がとりまとめた報告書[7.1)]や出版物が，当然ながら客観的で詳しい内容を含んでいるのでお薦めである．

　本章では，集成材の種類・長所・短所などの啓蒙的な内容や集成材の製造規格に関する解説などは日集協の報告書[7.1)]やしかるべき専門の出版物に譲り，筆者がこれまでの研究活動を通じて知り得た情報を基に，我が国における集成材の初期から最盛期までの発展状況をたどってみたい．

　図7.1は我が国の集成材構造建築物の建設戸数（棒グラフ：右縦軸）と集成材の製造量（千m^3：左縦軸）を年代ごとにプロットしたもので，集成材と集成材建築の動向を一目で知ることのできる便利なグラフである．このグラフの原作者は森林総合研究所の宮武敦氏で，ある期間ごとにデータが更新され（筆者が催促することもあるが），講義などの資料として，いつも使わせていただいている非常に有用な情報である．なお，このデータは国土交

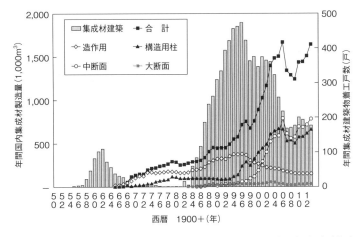

図 7.1 ● 我が国の集成材構造建築物の建設戸数と集成材の製造量の年別推移

通省や林野庁,その他一般に公開されたデータを宮武氏が独自にとりまとめているもので,最終的にまとまったデータベースの著作権は,宮武氏に属するものである.

ところで,集成材という言葉の由来であるが,1950年代に林業試験場の研究者が発表した資料(5章参照)や,それらを参考にしてまとめられたと推定される日集協の報告書[7.1]によれば,次のようないきさつがあったようである.以下,原文をそのまま引用する.

「戦時中には,単板(ベニア)を重ね合わせて接着した合板で飛行機や舟艇等をつくる技術が研究されていた.単板に

第Ⅶ章　日本おける集成材構造建築物の発展

合成樹脂を含浸させて加熱庄締して造られる材料もあった．これらは「積層木材」，「積層材」，「硬化積層材」等と呼ばれていた．これに対し，単板よりも厚い挽板（ラミナ）を積層接着した材料は「挽板積層材」と呼ぶよう提唱されていたが，戦時中の単板積層材（現在の LVL のことではない）と混同する恐れがあるということで，昭和 25（1950）年頃，当時の林業試験場が中心となって関係方面と打ち合わせ，"Laminated Wood" のことを「集成材」と呼ぶことにしたという経緯がある」

第 5 章で述べたように，我が国における集成材建築のスタートは 1951（昭和 26）年である．当初は，翌 1952 年に北海道の置戸に 1 棟建設されただけで，1957 年ぐらいまでは図 7.1 のグラフには表れてこない程度の細々としたものであった．しかし，1957（昭和 32）年から 1968（昭和 43）年にかけて一つの小さなブームがあったことが分かる．我が国の集成材黎明期の事情に詳しい貝本冨之輔氏の本[7.2]に，その間の状況が詳しく紹介されているので，少し引用させていただく（以下，原文通り引用）．なお，貝本氏はトリスミ集成材株式会社の会長で日集協理事長を 6 期 12 年の間継続された人物である．

「昭和 30 年代に入って，ベビーブームの子供達が小学校へ，中学校へと進学する時代になり，学校や体育館向けに大断面集成材の需要が急増し，多い年には三井物産一社だけでも年間 100 棟以上も建てられるほどであった．当時，三井物産の

山下健蔵氏（現三井ホーム常務）が世話人で，集成木材の委員会が持たれたが，そのメンバーは，建築研究所の今泉勝吉，明治大学杉山英男，横浜大学飯塚五郎蔵，三井物産菅野蓑作（後林業試験場）の諸先生であったが，この人達が日本の大断面集成材の育ての親ともいえる．」[7.2]．

貝本氏の本から，当時のミニ集成材ブームの状況がよく分かる．名前の挙がっている諸先生は，いずれも貝本氏の言葉どおり，日本の集成材と集成材構造の育ての親であり，筆者にとっては雲上人のような方々ばかりである（ただし，杉山先生と飯塚先生には実際にお会いし，お話する幸運を得た）．このミニ集成材ブームの頂点にあたる1962（昭和37）年に，現在でも木構造研究者の間で伝説的に語り継がれている新発田市立厚生年金体育館が完成した．

この体育館は，スパン36 m，桁行き54.54 m，軒高7.8 m，棟高12.8 m，延べ床面積3035.8 m^{2}のエゾマツ製3ヒンジ集成材構造物で，集成材建築の育ての親の一人として貝本氏の本の中で名前の挙がっていた故飯塚五郎蔵教授（横浜国立大学）によって設計された．

図7.2はこの体育館の集成材を製造し，集成材骨組みの施工などを担当した三井木材工業に所蔵されていた新発田市立厚生年金体育館の写真で，当時の体育館内部の様子と集成材アーチの形状がはっきり分かる非常に貴重な記録である．この歴史的価値の高い集成材体育館は，誠に残念ながら現在は取り壊されて存在しないが，後述する安代町立田山体育館にその地位を譲るまで，長い

第Ⅶ章　日本おける集成材構造建築物の発展

写真は宮林正幸氏のご厚意による

図 7.2 ●新発田市立厚生年金体育館

間我が国最大規模の集成材建築として名を馳せていた．

　その後，法令上の防火規制の強化，鉄骨造の普及と集成材を用いた学校建築への補助金の打ち切りなどの動きがあって，第一次集成材ブームはすぐに終わりを告げ，1960 年代の後半から 1980 年代の最初のころまで，集成材建築着工数はほとんどゼロの時代が続いた（図 7.1 参照）．この間，集成材業界は造作用集成材と呼ばれる化粧用の集成材（床柱，階段，長押，敷居，鴨居，手摺り，框など特に審美性が重要視される内装部材）を開発すること

で，なんとか業績を維持していた[7.2]．

1963（昭和38）年に日本集成材工業会という任意団体として発足した現在の日本集成材協同組合（日集協）[7.1]は，1971（昭和46）年には法人組織となり，学校建築を中心とした集成材構造の復権を政府に粘り強く働きかけていた[7.2]．1980年代に入って，ようやくその働きかけが少し功を奏して，集成材建築を規制していた制限の緩和が始まった．そして1982（昭和57）年に，当時の建設省が集成材に対する高さ制限，軒高さの制限を緩和した[7.3]ことにより，集成材構造建築物の新たな発展が始まった（図7.1の1982年頃を参照）．

最初に研究者の間で注目されたのが神奈川県茅ヶ崎市に1983（昭和58）年に完成した「太陽の郷スポーツガーデンのプール棟」であった．図7.3に示すこのプールは，米国から輸入されたベイマツラミナを使用した湾曲集成材による，スパン20m程度の非対称形の2ヒンジ山形ラーメン[注10]であった．今から見るとそれほど難しい設計ではないが，1960年代から約20年間，本格的な集成材構造建築の実績がほとんどなかった我が国において，技術

注10) 集成材でアーチ屋根構造を建てる場合，最も構造計算が楽でかつ完成した構造が設計通りの性能を発揮する形態は3ヒンジの左右対称形山形アーチである．一方，斜めの屋根梁の頂部をヒンジ（回転ピン接合）とせず，この部分をがっちりと連続した集成材で造る場合もある．このような形を2ヒンジ山形アーチと呼ぶ（左右両側の2カ所の柱脚部が回転ピンとなるので，2ヒンジと呼ばれる）．さらに正面から見て，左右対称形ではなく非対称な屋根構造とする場合もあり，この場合は非対称形の2ヒンジ山形ラーメンと呼ばれる．どの形を選ぶかは建物の意匠設計に依るところが大きいが，当然，非対称形の方が，設計は複雑になり，湾曲集成材の製造もやや複雑となる．

写真は当時の三井木材工業のパンフレット[7.4)]より

図 7.3 ●太陽の郷スポーツガーデンのプール棟

的にきめ細かく構造設計された初の本格的集成材構造建築物ということで学会の注目を集めた[7.5)]．ちなみに，当時我が国の木造建築会における絶大な指導者であった故杉山英男教授は，このプール棟の建設に対して，日本建築学会の雑誌にそれを称賛する記事[7.6)]を寄せている．

1984（昭和59）年になると，木材関連9団体が「木材需要拡大協議会」を発足させ，木材利用拡大をさらに進めるように，初めて団結して政府に要請を行った[7.2)]．その要請は大きな成果を上

げ，建設省は 1986（昭和 61）年から 5 年計画で「総合技術開発プロジェクト――新木造建築技術の開発（略称：新木造総プロ）」と呼ばれる国家的プロジェクトをスタートさせた．

ここで特記すべきことは，1987（昭和 62）年に建築基準法が改正され，その中で建物を大断面木造建築物とすることで，従来からの高さ制限の緩和，防火壁設置義務の免除，小屋裏隔壁設置義務の免除などの緩和措置をとれることになったことである．大断面木造と表裏一体の関係にあった大断面構造用集成材の場合は，燃焼が予想される表面に「25 mm の燃え代層」を付加することによって，毎分 0.8 mm 程度は集成材表面が焼け焦げて炭化は進むものの，炭化の及ばない内部は元の健全な性能を維持して，およそ 30 分間程度は建物の自重や長期的な荷重に耐えることができるという「燃え代設計」が可能となり[7.3]，大規模な集成材構造建築物を大いに促す結果となった[7.2], [7.8]．

一方，農林水産省林野庁においても，中・大規模な木造建築物を推進する動きが 1984（昭和 59）年辺りから始まった[7.2]．いわゆるモデル木造事業と呼ばれるもので，各県に地域振興のシンボルとなる中・大規模な木造施設を建設するための補助金が拠出され，建物の設計や建設を後押しした．その結果，色々なレベルの木造公共施設が各地に建設された．さらに，文部省においては，1987（昭和 62）年に学校施設への木材利用の推進と木造校舎への助成を鉄筋コンクリートと同程度にするなどの措置が講じられた[7.2]．このような政府側の木材利用を推進させる様々な施策によって，図 7.1 における 1984 年辺りからピーク辺りまでの棒グラフが示すように，集成材構造建築物の施工実績も急角度で伸びる

ことになった．当時の傾向としては，集成材構造建築物の大型化が加速され，規模と構造様式の新しさを主張する大規模集成材ドームのデビュー合戦が始まることになる．

その最初は，それまで26年間の間，我が国最大の規模を誇っていた新発田市立厚生年金体育館の集成材構造（集成材アーチのスパンが36 m）が，1986（昭和61）年に至って，岩手県旧安代町（現在，八幡平市）に新しく建てられた田山体育館に，わずか0.6 mの差ではあるが，日本一の座を明け渡したことから始まった．

この旧安代町立田山体育館（図7.4）は，その当時，世界最大規模を誇っていたアメリカのタコマドーム（図7.5）と同じアメリカ生まれの接合システムを導入して建設された．この接合システムは鉄製の中空6角柱の筒状金物の各側面にわずかに湾曲した集成材が取り付き，集成材の上下端を鋼板添え板ボルト結合によって緊結するシステムであった．ドームの面積と高さに応じて，この接合部の配置数を増減することによって，タコマドームのような巨大なドームから，タコマドームに比べると小型の田山体育館のようなドームまで，任意の集成材ドームを建設することができた．

図7.4と図7.5を見比べると，旧安代町田山体育館は確かにタコマドームをスケールダウンした構造であることが分かる．

図7.6は1988（昭和63）年に香川県で開催された瀬戸大橋博覧会用に建設された空海ドームの完成後の姿である．このドームは当時としては珍しく湾曲集成材ではなく，通直な集成材を金物で接合したドームで，屋根の一部が大胆に切り取られた斬新なデザ

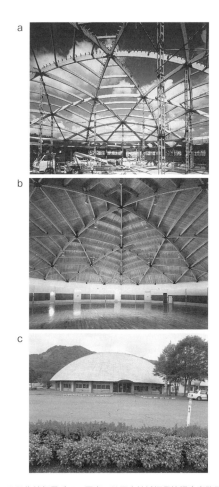

写真a，bは塩崎征男氏の，写真cは田山地域振興協議会事務局のご厚意による

図 7.4 ● 旧安代町（現在の八幡平市）田山体育館
a：建設中の田山体育館の集成材アーチドーム構造
b：完成直後の安代町田山体育館の内観
c：八幡平市田山体育館の 2014 年 8 月現在の外観

第Ⅶ章　日本おける集成材構造建築物の発展　167

写真a，bは1988年に筆者が撮影，cは筆者が作図

図 7.5 ●当時世界最大規模を誇ったアメリカのタコマドームとその接合システム
a：タコマドーム遠景
b：接合部付近
c：接合部詳細

写真は三井木材工業のパンフレット[7.4]より

図 7.6 ●瀬戸大橋博覧会用に建設された直径 49 m の瀬戸大橋博覧会イベントプラザ（空海ドーム，1988 年）

インで話題を集めた．なお，空海ドームの接合部は集成材の内部に鋼板を挿入し，鋼板に開けられた孔に鉄のピン（ドリフトピンと呼ぶ）を打ち込んで集成材と鋼板を結合する方法が採用された．この鋼板挿入ドリフトピン接合法はボルトの頭や鋼板が外部に露出しないので審美性が高くまた耐火性にも優れた方法であり，現在でも日本やヨーロッパで好んで用いられている．

図 7.7 は腰高の鉄筋コンクリート（RC）基礎構造に大断面集成

写真は堀江和美氏のご厚意による

図 7.7 ●洞爺湖温泉サンパレスプール棟．1988（昭和 63）年完成
a：建設中の温泉プール棟
b：完成後の温泉プール内部

材の屋根梁を掛け渡し，その上にテフロン膜を張るという，その後続々と登場してくる大空間集成材構造建築物の走りとなった集成材架構の建設中ならびに完成後の写真である．場所は北海道洞爺湖温泉で，建物は温泉施設のプール棟である．屋根中央部のスパン 28.8 m，梁せい 1.5 m の巨大なベイマツ集成材の大梁は RC から立ち上がった 2 本のベイマツ集成材の大梁と 1 点で中空 8 角形金物（図 7.8 参照）を介して結合された．

この集成材大梁と中空 8 角形筒状金物との接合には，我が国で最初に開発されたネジ部の長さ 1100 mm，ネジ山径 35 mm，ネジ谷径 28 mm，ネジ山ピッチ 16 mm の「スクリューボルト」が使用された．筆者は幸運にも，当時この建物の建設を担当した清水建設と集成材供給を担当した三井木材による「スクリューボルト」の耐力・剛性確認実験の現場に立ち会うことができた．

実験後，清水建設の技術研究所より頂戴した実験報告書[7.9] によると，テフロン膜張りの室内温泉プールでの使用を見越して，

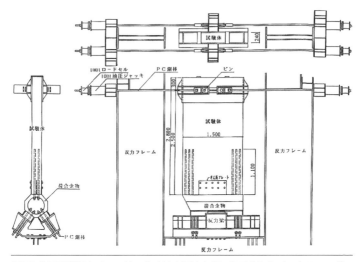

図 7.8 ●洞爺湖温泉プール棟の集成材大梁接合部に使用された「スクリューボルト」のモーメント抵抗実験の方法(文献 7.9 より転載)

集成材が湿潤状態に置かれた場合に「スクリューボルト」の引抜き性能がどうなるかという点も含めて,非常に緻密でかつダイナミックな実大実験が計画・実施され,当時駆け出しの研究者であった筆者に大きな感銘を与えた.実験は,スクリューボルトの引抜き抵抗性能実験,接合部のモーメント抵抗性能実験,そして接合部のねじりモーメント抵抗性能実験などが,テント張りの屋外仮設実験スペースで実施された.図 7.8 は接合部に正負繰り返しのモーメントを与えてその抵抗能力を調べる実験の方法[7.9]を示す.図中の点線の部分がスクリューボルトである.

図 7.9 は 1989(平成元)年に横浜で開催された博覧会用に建設された直径 60 m の「横浜博覧会横浜館」の建て上げ中の状況を

1989年筆者撮影

図 7.9 ● 直径 60 m の「横浜博覧会横浜館」の建て上げ中の状況
a：建設中の横浜博覧会横浜館ドーム構造の全景
b：タコマドーム，安代町田山体育館と同じ接合システム

示す．このドームも図7.4の旧安代町田山体育館，図7.5のアメリカのタコマドームと同じアメリカで開発された接合システムを使って建設された．

図7.10は我が国独自の設計法によって1992（平成4）年に完成した出雲ドーム（直径143 m，高さ49.4 m）である．このドームは集成材の他に多数の鋼製のワイヤーを張り巡らせてアーチ屋根を構成している点と建設工程に独自の構法を導入したという点で非常にユニークな木造ドームであった．我が国伝統の蛇の目傘の原理を導入して，最初地面に近い所で組み立て作業を開始し，徐々に笠を拡げるようにして屋根を展開していく構法が採用された．

図7.11は1993（平成5）年完成の信州博覧会グローバルドームである．それまでアメリカ産のベイマツ集成材一辺倒であった我が国の大規模集成材ドームの中にあって，唯一国産のカラマツ集成材アーチで骨組は構成された．しかも鋼製張弦材やテフロン

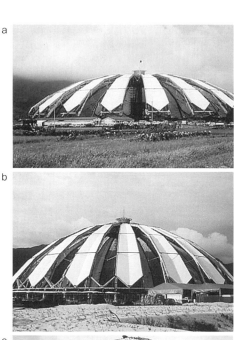

1991年頃，写真提供者不明

図7.10 ●我が国独自の設計法によって建設された出雲ドーム
a：笠が完全に開いていない状態
b：笠がかなり開いた状態
c：直材集成材と鋼製張弦を組み合わせたハイブリット構造

第Ⅶ章　日本おける集成材構造建築物の発展

1993・1995 年筆者撮影

図 7.11 ●国産カラマツ集成材アーチによる信州博覧会グローバルドーム
a：建設中の外観
b：完成後の内観

膜なども一切使わず，地元産木材（カラマツやヒノキ）のプレファブパネルをはめ込んだ純国産木造ドームということで注目を集めた．

　これら一連の大規模集成材ドームは，ほんの一時期「我が国最大」を誇ったものの，次々に出現するより大型のドームによってたちまち首位の座を明け渡すことになった[7.1]．そしてついに1997（平成9）年になって図7.12に示す世界最大規模の秋田県大館市の大館樹海ドームの出現によって大規模集成材ドームの「規模を競う傾向」は終わりを迎えた[7.1]．

　この巨大なドームは長辺178 m，短辺157 m，高さ52 mの規模を誇る世界最大規模の木造ドームである．主架構はスギ集成材の2重トラス構造で，長手方向に6 mごとに設けられた接合部（図7.12-c 参照）でトラス部材を連結して巨大なドーム屋根を構成している．図7.12を説明する．aは建設中の大館樹海ドームで，JR大館駅側の地点から撮影した遠景である．bは建設中のトラス

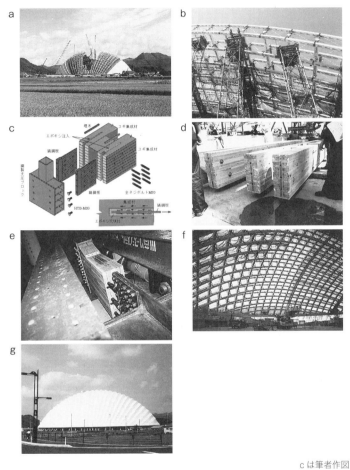

cは筆者作図

図 7.12 ● 秋田県大館市に建設された大館樹海ドーム
a：建設中の大館樹海ドーム　　e：接合部の引張試験
b：建設中のトラスアーチ　　　f：ほぼ完成したドーム内部
c：接合部の構造詳細　　　　　g：完成したドーム外観
d：木口から見た接合部

アーチ構造で，トラスの上下弦材において一定間隔に存在する黒い部分が次のcに示す弦材の接合部である．cはトラス弦材に6m間隔に設けられた接合部の構造模式図（縞鋼板両面の突起と硬化したエポキシ樹脂との機械的接触抵抗力だけで所定の剛性・耐力が発揮される）．この図は当時の竹中工務店が描いた原図を基に，筆者が講義などで接合原理を説明するためにトレースしたものである．dはトラス部材木口に見える接合部で，木口面中央部の濃い色の部分が縞鋼板で，集成材内部にエポキシ樹脂接着剤で充填・固定されている．eは接合部の実大引張実験の様子で，縞鋼板の表面に油を塗って，エポキシ樹脂と鋼板の接合界面に接着力が働かないように設定した場合でも，縞鋼板表面の突起と硬化したエポキシ樹脂との機械的接着抵抗力だけで所定の剛性・耐力が発揮されることが実験によって確認された．fはほぼ完成した大館樹海ドームの内部（筆者の小型カメラではどう撮っても全体を収めることはできないほど大きいドームであった）．そして，gは完成後の大館樹海ドームの全景である．なお，写真a〜fは1996〜1997年に筆者が撮影したもの．写真gは施工関連会社より寄贈されたものである．

　筆者はこのトラス節点接合部の開発にアドバイザーとして参加する機会を与えられ，世界最大級の木造ドームの開発にほんのわずかではあるがタッチすることができて幸運であった．

　1996（平成8）年をピークとして集成材構造建築物の着工件数はまたもや下降線をたどり始めた．図7.1に示す前半の小さな山と後半の大きな山の二つを見比べて，「30年前の悪夢の再来か」と言った人もいた．しかし，平成に入ってからの下降傾向の要因

は，日本のバブル景気の崩壊[7.10]とその後のいわゆる「失われた20年」[7.11]における日本国経済のスローダウンによるもので，図7.1の2009（平成21）年以降を見ると，集成材建築物の着工件数もやや持ち直しの気配が感じられる．

後述する「公共建築物等における木材の利用の促進に関する法律」[7.12]による追い風を受けて，中・大規模集成材構造建築物のさらなる増加に期待したいものである．

2 │ 通直集成材を用いた集成材ラーメン構造の開発

ドームタイプの大空間集成材構造建築物と並んで，1980年代中頃（昭和60年頃）から我が国で注目され始めたのが通直集成材を柱や梁部材とする純ラーメン構造であった．なお通直集成材を用いた純ラーメン構造とは，鉄骨構造の事務所建築物のように，真っ直ぐ（通直と呼ぶ）な集成材の部材を柱や梁部材とし，それらを強固に接合して建物を造る構造方法のことである．

オットー・ヘッツアーに源を発する湾曲集成材は，木材を強制的に曲げながら製造する（蒸気で蒸して曲げやすくすることは現在では禁じられている）．この場合，ある程度まで曲げても破壊しないように薄いラミナを使用する必要があるので，必然的にラミナの使用枚数が増える．その分接着層の数が増え，かつ鉋で表面を仕上げる時に排出される鉋くずの量が多くなる．そのため，一般的に通直集成材に比べて製造コストはかなり高くなる．

一方，通直集成材は製造コストが相対的に低いというメリットがある．しかし，1980年以前には鉄骨造のように，通直集成材同士をできる限り剛に接合できる接合法が集成材構造の分野において確立されていなかった．結果的に，当時は集成材で建物を造るとなると，ヘッツアー型の湾曲集成材を用いることが多かった．

さて，林野庁のモデル木造プロジェクトの枠組みのなかで，日本住宅・木材技術センターに木質ラーメン構造の技術開発研究を推進する委員会が設置された．当時，筆者は林業試験場（現在の森林総合研究所）木材利用部構造性能研究室に所属していたが，当時の研究室長であった平嶋義彦博士が委員長であった関係で筆者も委員会に参加させてもらい，通直集成材を用いたラーメン架構の開発研究に従事することができた．図7.13は日本住宅・木材技術センターから予算を頂戴して行った，おそらく我が国で最初の集成材2層門型ラーメンの実大加力実験の様子である．

図7.13において，aは鋼板挿入ドリフトピン接合法による試験体全景で集成材の表面に鋼板は見えない．プーリー（滑車）とワイヤーで固定荷重に相当する荷重を与え，1階と2階にそれぞれ正負繰り返しの地震力をオイルジャッキで与える実験を行った．bは鋼板挿入ドリフトピン接合法による試験体の接合部の詳細である．厚さ9 mmの鋼板を2枚集成材に挿入してドリフトピンで接合して審美性の高い接合部が構成される．cは鋼板添え板ボルト締め接合法による試験体全景である．ボルトや鋼板が集成材の表面に現れるので，審美性と耐火性に問題はあるが，強度性能は確かである．dはその試験体の接合部詳細である（厚さ9 mmの鋼板ガセットを集成材両面に添え，ボルトで接合する）．eは鋼

1987年頃筆者撮影

図7.13 ●当時の林業試験場木材利用部(現在の森林総合研究所)の実大構造物実験施設で実施された通直集成材を用いた2層門型ラーメンの実大加力実験
a：鋼板挿入ドリフトピン接合法による試験体
b：接合部詳細
c：鋼板添板ボルト締め接合法による試験体
d：接合部詳細
e：鋼板添板釘打ち接合法による試験体
f：接合部詳細

板添え板釘打ち接合法による試験体である．多数の釘が接合部の周辺に沿って配置される接合形式で，NZ で開発された方法である．f はその試験体の接合部詳細である．厚さ 9 mm の鋼板ガセットを集成材両面に添え，多数の釘を建設現場で打ち付けて接合部を完成させる．

これらの実験は，スパンは 8 m の小学校の 2 階建て校舎を想定したものであった．柱―梁接合部は鋼板挿入ドリフトピン接合法，鋼板添え板釘打ち接合法，鋼板添え板ボルト接合の 3 種類を試験した．3 種類の接合法を比較すると，それほど高い性能を発揮したわけではなかったが[7.13]，審美性，耐火性に優れた図 7.13-a，b の鋼板挿入ドリフトピン接合が，最も実用性の高い接合法として評価された．

本節の冒頭で述べたように，通直集成材は，湾曲変断面集成材に比べて，製造コストが低いというメリットがあった．しかし，それまでは通直集成材同士をできるだけ剛に接合できる接合法が確立されていなかった．この時行った実験[7.13], [7.14]によって，鋼板挿入ドリフトピン接合法を用いることで，完全とは言えないが，かなり剛性の高い集成材ラーメンが設計できるということが実証されたことには大きな意義があった．その実験結果に基づいて，さっそく集成材 2 階建ての小学校校舎が設計・建設された．図 7.14 はその設計・施工を担当した当時の三井木材工業から頂戴した写真を示す．実験と同じ鋼板が 2 枚挿入されるタイプである．

また，この接合法を応用したユニークな集成材建築物も現れた．図 7.15 は代表的な応用例である北海道立林産試験場の展示館「木と暮らしの情報館」である．通常は直立した柱に斜めの梁を接合

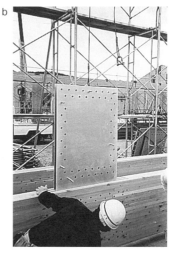

写真は三井木材工業のご厚意による

図7.14 ●集成材二層門型架構の実大実験結果に基づいて設計・施工された小学校校舎の例.
a:中間部の柱－梁接合部
b:現場で重く大きな鋼板ガセット板を集成材に挿入しドリフトピンを打ち込む作業

した「山形ラーメン」と呼ばれる形式の集成材ラーメンが多いが,この展示館は柱と梁を任意の角度に接合できるという「鋼板挿入ドリフトピン接合法」の特徴を活かして,デザイン的に面白い「がにまた」形状の山形ラーメンが出来上がった.従来からの湾曲集成材では,不可能ではないが,製造がかなり難しいデザインである.

しかし,この現場施工型の組み立て方法は,大きくて重たい鋼板を建設現場で扱うこと,十分な設備のない施工現場ではすべて

第Ⅶ章　日本おける集成材構造建築物の発展　181

b以外の写真は北海道立林産試験場のご厚意による

図 7.15 ● 初期のタイプの鋼板挿入ドリフトピン接合法による北海道立林産試験場の展示館「木と暮らしの情報館」．1989（平成元）年に完成．
a：建設中の変形山形ラーメン（接合部は鋼板挿入ドリフトピン接合法）
b：完成後の全景（筆者撮影）
c：完成後の柱－梁接合部外観（集成材はカラマツ）

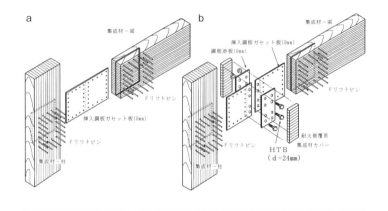

図 7.16 ●初期の鋼板挿入ドリフトピン接合法と改良型鋼板挿入ドリフトピン接合法の比較
a：初期のモーメント抵抗接合
b：改良型モーメント抵抗接合

のドリフトピンを正確に打ち込むことが困難な場合が多いこと，そしてドリフトピンを正確に打ち込むことができない場合はやり直しが現場ではできないことなどの理由で，根本的な改良が要望された．そこで，これらの欠点を改良するため開発されたのが，改良型鋼板挿入ドリフトピン接合法である[7.15), 7.16), 7.17), 7.18)]（図 7.16-b 参照）．これは接合部をあらかじめ工場でプレファブ化して完成させるもので，この構法を適用することにより，正確な施工技術が要求される鋼板挿入作業とドリフトピン打ち込み作業はあらかじめ設備の整った集成材工場で行い，施工現場では鋼板同士を数本の高張力ボルトを結合するだけで柱－梁モーメント抵抗接合部が完成するようになった．

改良型モーメント抵抗接合法によって，現場施工性が大幅に改

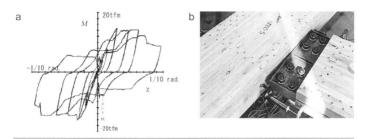

図 7.17 ● 改良型モーメント抵抗接合部の高いエネルギー吸収能力
a：粘りのある接合部の性能（縦軸Mがモーメント，横軸χが接合部の回転角）
b：高張力ボルトのミリが先行して集成材側の接合に破壊が発生しない状態

善されたことは言うまでもない．その他に，旧タイプのドリフトピン接合と比べ，図 7.17 に示すように，エネルギー吸収能力に富んだ信頼性の高い接合法となった．ここでエネルギー吸収能力というのは，図 7.17a における縦軸と横軸の関係を示すグラフのループが描く面積の大きさの大小のことで，a の例のように太った形のループを描く場合，エネルギー吸収能力が高いと評価される．このようにエネルギー吸収能力が高いと，地震に対する抵抗能力において有利となる場合が多い．また，写真 b に見える黒色の鉄骨構造用の高張力ボルト接合部が，集成材部分のドリフトピン接合部の破壊より先にミリ始めるように設定することで，見かけ上，鉄骨構造における摩擦接合部と同様の現象が起こり，集成材接合部でありながら，見かけ上エネルギー吸収能力の高い，粘りに富んだ挙動を示し，耐震抵抗能力に優れた信頼性の高い接合部を構成することができる．

この改良型モーメント抵抗接合法が初めて本格的に実用化されたのが，香川県寒川町に 1990（平成 2）年に建設された武道場

写真提供：三井木材工業

図7.18 ●改良型モーメント抵抗接合法が初めて本格的に応用された香川県寒川町の武道場・飛翔の館
a：施工中の状況
b：完成後の内部

飛翔の館である．図7.18はその施工中ならびに完成後の様子である．先に紹介した北海道立林産試験場の「木と暮らしの情報館」の場合と同様に，このように鋭角的なデザインは従来からの湾曲集成材では技術的に製造不可能なもので，任意の角度で部材を容易に現場接合できる改良型モーメント抵抗接合部の出現によって，初めて可能となったデザインである．

さらに，この接合法は当時我国初の本格的集成材3階建て庁舎棟となった林野庁の帯広営林支局の柱－梁モーメント抵抗接合部に採用され，その施工性の良さが立証された．図7.19にそのス

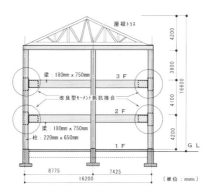

図 7.19 ●改良型モーメント抵抗接合法による帯広営林支局集成材 3 階建て庁舎棟（当時）のスパン方向立面図（完成：1992（平成 4）年）

パン方向立面図を，図 7.20 に建設中および完成後の写真を示す．

　この集成材庁舎は鉄骨の筋交いを除くほとんどすべての構造部材が集成材工場内であらかじめ接合部を仮組みした状態で現場に搬入された．そして現場では一切木材に孔を開けたり，鉋を掛けて寸法を調整したりする必要がなく，接合端部に設けられた鉄骨用の高力ボルト接合部をボルトで緊結することで骨組を建てることが可能となったため，鉄骨構造を組み立てる専門職だけで木造建築物を建て上げる建設スタイルが採用された．なお，1992（平成 4）年に完成したこの帯広営林支局は，2006 年にリニューアルされ，現在は帯広市の保険福祉センターとして，当初とは全く異なる用途に使われている．

　当時は建設大臣の特別の認定（38 条認定と呼ばれた）を受けることによって，このような大規模な 3 階建て集成材建築が準耐火仕様（25 mm の燃え代設計）で建設が可能であった．外壁材は

写真はすべて筆者が撮影

図 7.20 ●集成材 3 階建て構造物としては当時我が国最大級（延べ床面積 3000 m²）の帯広営林支局庁舎棟

a：工場で接合部を完成させた集成材梁部材．薄黒い部分が 25 mm 厚の耐火用木栓．
b：桁の取り付け状況．
c：集成材 3 階建て骨組み架構の建て上げ作業．
d：柱－梁接合部─高張力ボルトの代わりに一時的に普通のボルトで仮留めされている．
e：完成後の集成材 3 階建て庁舎の遠景．
f：完成後しばらく展示されていた柱－梁接合部の実大モデル．

図 7.21 ●森林総合研究所の実大構造実験棟の門型架構への応用例(1996(平成 8)年完成)
a：建設中の架構全景
b：改良型鋼板挿入ドリフトピン接合法による柱 – 梁接合部

カラマツセメントボード，窓枠は木製サッシである．いずれも，当時の北海道立林産試験場が開発した木質系建築部材であった．

その後，改良型鋼板挿入ドリフトピン接合法は集成材骨組架構の標準的な半剛接合法として様々な建物で活用されている．図 7.21 は森林総合研究所の実大構造実験棟の門型架構への応用例を示す．また，改良型鋼板挿入ドリフトピン接合法の一つのオプションとして，使用する鋼板の量を減少するため，矩形ガセットに代えて，耐力関与の割合が少ないガセット板中央部を省略したπ型ガセット板を用いた形式も開発された[7.19), 7.20)]．

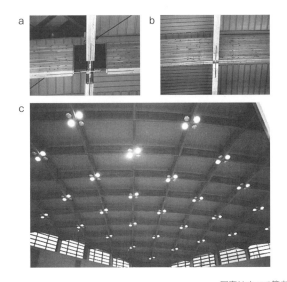

写真はすべて筆者が撮影

図7.22 ● π型ガセット形式の鋼板挿入ドリフトピン接合法を体育館の格子天井に応用した例（1994（平成6）年完成）
a：π型ガセット板による格子梁格点（接合部の鋼製連結部を覆う前）
b：π型ガセット板による格子梁格点（接合部の鋼製連結部を同種の集成材で覆った後）
c：ほぼ完成した格子梁構造による大屋根（完成3年後の1997年に撮影）

　図7.22がこのπ型ガセット形式の鋼板挿入ドリフトピン接合法を体育館の格子天井に応用した例である．図7.22-aとbを比べると，鋼板で構成された接合部が綺麗に同じ柄の集成材で覆われていることが分かる．集成材で鋼製接合部を覆う理由は天井を美しく見せるためと，万一火災が起こっても，少なくとも初期消火が行われる間は熱に弱い鋼製接合部を保護するためである．

　図7.23は岩手県遠野市で道路を歩いていて，たまたま見かけ

第Ⅶ章 日本おける集成材構造建築物の発展　189

筆者撮影

図 7.23 ● π型ガセット形式の鋼板挿入ドリフトピン接合法による集成材ラーメン架構
a：接合部クローズアップ写真
b：通直集成材を用いたタイドバー付3ヒンジ山形ラーメンの全景

たπ型ガセット形式の鋼板挿入ドリフトピン接合法による集成材ラーメン架構の建設現場の写真である．建物の名称・用途・規模などの詳細については全く分からないが，この接合構法が便利な構法として好意的に受け入れられているのだなと実感した瞬間であった．

話は前後するが，実はこのπ型ガセット形式の鋼板挿入ドリフトピン接合法は，筆者も設計チームの一員として取り組んだ集成材を用いた我が国初の 20tf 活荷重対応のスパン 23 m の林道用木橋である「神の森大橋」のアーチ接合部のために筆者らが開発したものであった．

図 7.24 はその完成時の写真である．橋全体の構造設計は秋田大学の薄木征三教授（当時）が担当された．薄木先生は橋梁工学の専門家で，日本における集成材を用いた現代的木橋のパイオニアであり，数少ない集成材橋の構造設計を担える研究者の一人

写真提供:銘建工業株式会社

図7.24 ● 1994(平成6)年に完成した神の森大橋

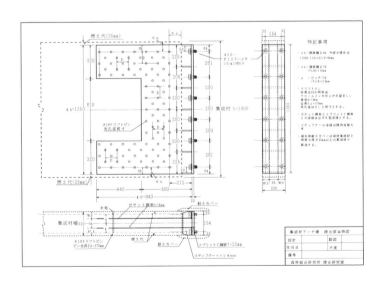

図7.25 ● 集成材アーチ接合部におけるπ型鋼板の寸法と鋼製ドリフトピンの配置を示す図面

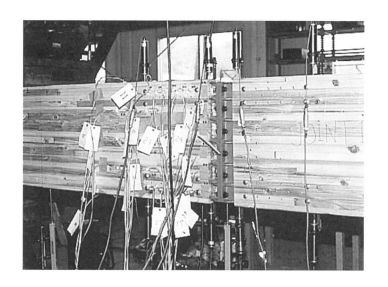

図 7.26 ● 実物の 1 / 2 スケールで製作した接合部の強度実験(森林総研実験室において)

である.薄木先生の構造計算によって決定されたアーチ部材に作用する外力を安全に伝達できるよう集成材剛接合部を設計するのが,当時の筆者の役割であった.

図 7.25 は筆者が担当したアーチ接合部の設計図面で,π型鋼板の各部寸法と集成材に打ち込む φ 16 mm の鋼製ドリフトピン(丸い鉄のピン)の配置が細かく記入されている.

さらに,設計通りの性能が発揮されるかどうかを確かめるために,図 7.26 に示す実物の 1 / 2 スケールで製作した接合部の強度実験を森林総研で行い,予定通りの安全率が確保されていることを確かめた[7.21), 7.22)].集成材は愛媛県広田村産の杉で,屋外での

写真 c は愛媛県砥部町産業振興課林業振興係　菊池安修氏のご厚意による

図 7.27 ● 神の森大橋の建設工程と現在の状況
a：集成材工場で取り付けを待つ π 型鋼板ガセット板と完成したアーチ接合部
b：集成材アーチの組み込み作業状況
c：完成後 20 年以上が経過した 2015 年秋に撮影された神の森大橋の現況

使用に備えて，集成材を積層接着する前のラミナの段階で新規に開発された水溶性防腐剤を注入し，その後積層接着するという珍しい工程を導入した．

　図 7.27-a 〜 c は神の森大橋の建設工程の一部と現在の状況である．写真 7.27-a 右に示す接合部は現場で高力ボルト接合された後，アーチ上面と下面の開口部に集成材の蓋をしてボックス断面のアーチを完成させた．

　2 カ所の接合部を現場で接合し，1 本の円弧状アーチを完成さ

せた後写真 7.27-b のように鉄筋コンクリート製の支点にクレーンで架設された．1994（平成 6 ）年の完成当初は写真 7.24 に示すように集成材を保護するためにアーチ上面に設置した銅板の小屋根がぴかぴか光って「ゴールデンブリッジ」のようであったが，20 年以上経過した現在，写真 7.27-c から分かるように銅板は渋い錆色に変わり，周囲も整備されて落ち着いた雰囲気を見せている．建設当時は，神の森大橋の架設場所は愛媛県広田村であったが，現在は愛媛県伊予郡砥部町総津 1786 先という番地になっている．

　以上示したように，接合部をあらかじめ加工設備の完備した集成材工場で完成させ，建設現場では数本の鉄骨用高張力ボルトで部材同士を緊結するという方法は，その施工容易性が認められ，広く採用されるようになった．特に大規模な集成材構造建築物や木橋の分野では標準的な施工法として定着している．

第Ⅷ章 | *Chapter VIII*

最近の集成材構造物

　ここまで，集成材がたどってきた長い道のりについて，色々な角度から取りあげて紹介してきた．本書もいよいよ最終章に入り，流れから言えば，本章において最新の集成材建築について紹介するのが順当なところである．しかし，最新の情報というものは日々更新されるもので，それらのいくつかを紹介してもとてもすべてを把握することは困難である．そこで本最終章では，筆者が特に興味深く思った最近の集成材構造物に関連した事柄を紹介し，本書の結びとしたい．

1 実大火災実験に供試された学校校舎

　2010（平成22）年5月26日に「公共建築物等における木材の利用の促進に関する法律」（本章では以下，「木材利用促進法」と略称する）という画期的な法律[8.1)]が，農林水産省と国土交通省の両省ががっちりタッグを組んで公布され，同年10月1日より施行された．

第1章でも同じことを述べたが，重要な点であるので，この法律の画期的な点を再掲する．

・公共建築物については可能な限り木造化，内装等の木質化を図る．
・建築基準法等で耐火建築物とすること等が求められない低層の公共建築物について，積極的に木造化を促進する．

この法律が施行された当初は，集成材などを用いた中・大規模建築への大きな追い風が吹くのではと期待が膨らんだ．しかし実際には，必ずしも当初期待したほど全国津々浦々に低層の木造建築物が建てられているという状況ではなかった．

たとえば，文部科学省が平成25年度にとりまとめた公立学校施設における木材利用状況に関する調査結果の概要を見ると，平成23年度～平成25年度の3年間に新しく建設された学校はおよそ1200棟で，木造校舎の数は年々増加傾向にはあるものの，その数は全体のおよそ1/5という数字であった[8.2]．一方，内装を木質化するという目標はおおむね50%以上の達成率を示していた[8.2]．

やはり，学校校舎の木造化を推進するうえで，大きな壁が立ちはだかっていたようであった．それは，当時の建築基準法の範囲内では，どのように工夫をしても，2階建ての木造建築物しか法規上認められないという大きな制約が，需要の多い3階建て木造公共建築物の建設を阻む隘路となっていたようであった．

もっともこのような隘路が存在している点については，木造化

写真は秋田県立大学の板垣直行氏のご厚意による

図 8.1 ● 2012（平成 24）年 2 月につくばで実施された実大火災実験に供試された集成材 3 階建て学校校舎試験体外観

を進める旗振り役の一つである国土交通省も当初から認識していた．国交省は，（独）建築研究所を中心とする研究グループに委託して，集成材 3 階建て校舎の実大火災実験という国家プロジェクト規模の大規模な試験研究を実施した．その目的は，木材利用促進法の速やかな浸透と成果達成を後押しすることであった．

最初の実大火災実験は 2012（平成 24）年 2 月につくばで実施された．このときの実験に供試された集成材 3 階建て学校校舎試験体の外観を図 8.1 に示す．建物の規模は桁行き 50 m，梁間

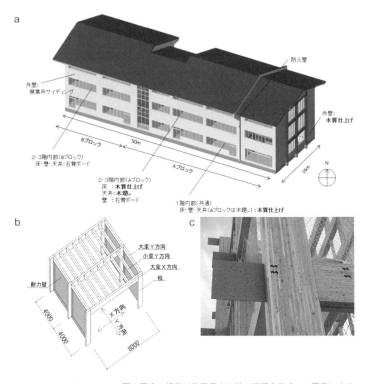

図と写真の提供は秋田県立大学の板垣直行氏のご厚意による

図 8.2 ●供試試験体の概要と構造形式
a：供試試験体の概要（Bブロックは枠組み壁工法仕様，Aブロックが軸組構法仕様）
b：Aブロックの基本的な構造形式
c：鋼板挿入ドリフトピン接合部

16 m，最高高さ 15.4 m，軒高は 12.5 m であった（図 8.2-a 参照）．構造は桁行き方向が集成材ラーメン構造，張間方向が木造耐力壁という学校校舎でしばしば採用されている構造形式が採用された（図 8.2-b 参照）．

桁行き方向ラーメンのスパンは，筆者がかつて 2 層門型ラーメンの実験（第 7 章 7.2 節参照）を実施した時と同じ 8 m で設計された．また，図 8.2-c の写真に示すように，柱 - 梁接合部には前章で述べた「鋼板挿入ドリフトピン接合法」が用いられた．集成材の樹種は主要な骨組みについてはカラマツ集成材が，その他の 2 次的構造部材についてはスギ集成材が用いられ，主要骨組みの集成材については約 1 時間の火災を想定した「45 mm の燃え代設計」が行われた．

ちなみに 45 mm の燃え代設計とは，通常の火災に遭遇したときに，建物に作用している荷重に耐えて建物が崩壊しないよう，火炎に晒される集成材の各表面に直交する方向の寸法を 45 mm 大きく設計しておく設計法（集成材は 1 分間に 0.7 mm 〜 0.8 mm 炭化すると仮定）である．

集成材校舎の室内には，想定される室内可燃物による発熱効果を再現するため等価な熱量を発生させる木材クリブ（井桁に組んだ木材の薪）が設置された（図 8.3 参照）．

図 8.1 の外観写真や図 8.3 の内観写真から分かるように，実験に使用された集成材は，いずれも実際の学校校舎に使われる柱や梁と同じ性能を発揮する本物が使われ，実際の学校校舎を建設するのと同じ条件で施工された．

完成した美しい木肌を誇る集成材建築物は，その後実大火災実

写真は秋田県立大学の板垣直行氏のご厚意による

図 8.3 ●実大火災実験に供試された集成材 3 階建て学校校舎試験体内部．室内には，可燃物による発熱効果を再現するため，等価な熱量を発生させる木材クリブが多数置かれた．

験に供試され，やがて紅蓮の炎に包まれてその短い一生を終えた．

研究期間中に，上述したつくばでの実験を含めて，合計 3 回の壮大な実大火災実験が実施された [8.3]～[8.5]．詳細については省略するが，本物の集成材 3 階建て学校校舎を用いた極めて高価な実大火災実験を通じて，集成材 3 階建ての耐火設計に資する有益なデータが得られた．その結果，3 階建ての学校校舎の建設が可能となる方向に建築基準法は改正されたのである [8.6]．

これによって，木材利用促進法が名実共に著しい効果を上げる

2 ノルウェーの木橋

　本書で再三取りあげてきた木橋は，接着積層集成材の誕生を側面から促す存在であったとも考えられる．明確な記録の残っている接着積層集成材は，20世紀初頭にワイマール共和国で産声を上げ，当初から木橋の主要構造材料として活用されてきた．

　そして現在では，古くなった鉄橋の代わりに集成材トラス橋が新たに選択されるという，19世紀後半に欧米諸国の橋梁で演じられたのとは反対の世代交代劇が演じられるまでに発展している場所もある．それは北欧のノルウェーである．

　図8.4は2003年にノルウェーのヘッドマーク郡のグロマ川に架設されたフリサ橋（Flisa bridge）の2010年時の状況を示す．フリサ橋は図8.5に示すように，全長196mのトラス橋（専門用語で言うとゲルバー形式のトラス橋と呼ばれる）で，橋の両岸から38.4mと53.6mの2基のアーチが橋の中央寄りに張り出し，中央2カ所の石積みの橋脚に鎮座したスパン56m，跳ねだし長さ16.7mのトラス桁を両岸からピン接合によって連結し，支えている．

　フリサ橋には図8.6-aに示すように対向2車線のトラック専用レーンと片側に歩行者専用のレーンが備えられ，トラス部材はすべて集成材である．床板は製材を橋長方向に多数枚平行に並べ，それらを高張力鋼棒で串刺しにして強力に横締めし，板同士の摩

2010年筆者撮影

図 8.4 ● ノルウェーのヘッドマーク郡のグロマ川に架設されたフリサ橋（Flisa bridge）

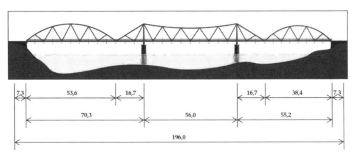

文献 8.7 より転載，Erik Aasheim

図 8.5 ● 3 径間ゲルバー形式のトラス橋であるフリサ橋の寸法

2010 年筆者撮影

図 8.6 ● フリサ橋各部分
a：対向 2 車線のトラック専用レーンと歩行者専用レーンからなるフリサ橋
b：フリサ橋の集成材アーチ接合部詳細
c：岸に近いアーチ部分の構造
d：中央部のトラス桁部分の構造

擦力だけでトラックの車輪が路面に及ぼす荷重に耐える「Pre-Stressed Laminated Timber（PSLT）床板」と呼ばれる木橋独特の床部材で構成されている．

ノルウェーの道路橋示方書（トラックなどの通る橋梁を設計するための規準書）では道路橋に対して 100 年の耐用年数を要求しており，木橋とて例外は許されない．そこで，この要求に応えるため，すべての集成材には 3 段階の防腐処理が施された．

第 1 段階は，集成材を製造する前のラミナの段階で，銅・クロ

ム・ヒ素の成分からなる CCA と呼ばれる強力な防腐剤を加圧注入して，腐朽菌に弱い木材の辺材部分（たとえばスギの丸太でいうと，外周の色の薄い部分．色の濃い中央部分は腐朽菌に抵抗能力が高い成分を含んでおり，また細胞と細胞の間の液体の通路が閉まっているので防腐剤を注入するのが難しい）が重点的に防腐処理された．

次に，あらかじめ防腐処理を施したラミナを積層接着して通常の集成材を造り，その集成材を丸ごとクレオソート注入処理釜に入れて，完成した集成材の外側 4 面が徹底的に防腐処理された．さらに，集成材の木口面はすべて銅板で覆われて水の浸入が阻止された．

このように完璧に近い防腐対策が施されて初めて 100 年という耐用年数に合格する木橋が可能となった．図 8.6 のトラス部材の集成材表面が黒っぽく見えるのは，含浸処理されたクレオソートのタール成分が集成材の表面にしみ出しているからである．

フリサ橋が集成材になった理由はいくつかあるが，最大の理由は集成材橋が軽くて強いという特性を有していたからであった[8.8), 8.9)]．既存のフリサ橋は 1 車線の鉄のトラス橋で，1912 年に架設された[8.9)]．石積みの橋脚は 1 車線用の道路荷重に対して設計されたものであったが，調査の結果，水平荷重に対する若干の補強をするだけで，ほとんどそのまま使えることが判明した．そこで，集成材トラスと製材 PSLT 床板という上部構造の「軽さ」を活かして，既存の 1 車線の道路を拡幅し，対面 2 車線のトラック用レーンと歩行者専用レーンを確保し，しかも建設コストは上部構造分だけで済むという経済的な掛け替え案が実現した．また，

文献8.7より転載．Erik Aasheim

図 8.7 ●集成材工場におけるトラスの節点の組み立て状況

この地方では冬場に大量の融雪剤が橋の路面にも散布されるが，鉄橋は融雪剤によって腐食されやすいのに対し，集成材は化学薬品に対して相対的に安定しているという特性も評価された[8.9]．

集成材トラス橋の構造上最も重要なポイントはトラスの節点をいかに設計し，また施工するかということである．この点については，鋼板挿入ドリフトピン接合法が採用され，2車線のトラッククレーンの荷重を支えている．図8.7はノルウェーの集成材工場において，トラスの節点があらかじめ組み立てられている様子を示す．図8.6-bで鋼製ロットを吊っているピン接合の部分は図8.7における丸い形をした4枚の鋼板の部分で，四角い6枚の鋼板はトラスの斜材に挿入されて外部からは見えなくなる．先孔の開い

た集成材に多数の丸い鋼棒（ドリフトピン）を貫通させて集成材と鋼板とは非常に強力に結合される．

なお，図 8.7 に写っている鋼製パイプ付きの鋼板は接合部製作用のテンプレート[8.8]で，最初，集成材の表面にこのテンプレートを固定し，各パイプの孔からドリルを挿入して正確な先孔を集成材中に開け，その後，細くて長い特殊なドリフトピンを先孔に通し，6 枚の鋼板を貫いて集成材と鋼板とを限りなくガタのない状態で結合するためのものである．このように多数の鋼板を挿入して細いドリフトピンを差し込む接合方法は元々スイスで開発されたもので，筆者も昔その接合部の性能を森林総研で実験的に評価した経験がある．剛性と強度性能は極めて高くトラス橋などの節点の接合部には最適の接合法であることを確認したが，破壊形態は非常に脆いので，粘り強さの要求される用途への利用には細心の注意が必要である．

また，フリサ橋の場合，元来 1 車線用の橋のために設計された石積みの橋脚に 2 車線＋歩行者レーンを載せるという設計であったため，上部構造をバランス良く狭い橋脚の上に載せる必要があった．そのため，路線幅を十分カバーできる長いスパンの鋼製横架材を集成材アーチの節点から鋼製の吊り材で吊し，その鋼製横架材の上に床板を敷設するという方法が採用された．

フリサ橋の場合は，古い鉄橋の掛け替え需要と，既存の石積み橋脚がほぼそのまま利用できる状況であったというラッキーな要因もあって，このような長大な集成材橋が実現できたのであるが，それらの要因を差し引いたとしても，一般道路橋のメニューの中に木橋を分け隔てなく明記している点と，それを実現可能とする

レベルの高い設計技術をもった集成材工業が根付いているというところがノルウェーのすごさである．

次に紹介する橋は「世界一強い橋」の異名をもつキシェルサスタル橋(Kjøllsæter Bridge)である．この橋は，ノルウェーのヘドマーク郡アーモット町(村)(Åmot)を流れるレナ川に架設されており，ノルウェー軍の軍事基地へのアクセス道路の橋として設計された．橋の上部構造は集成材トラスとコンクリート床板からなる上路トラス橋であるが，軍用車両が通過することを考慮して，合計厚さ310 mm（下層180 mmが工場製コンクリート盤，上部130 mmが現場打ちコンクリート）のコンクリート複層床板となっている[8.10]．設計条件は非常に厳しく，合計109トンの軍用車両が対向する2車線の30 m離れた位置に存在するという条件，および，65トンの軍用車両がすれ違うという条件が考慮され，かつ動的荷重の割り増しとして荷重を15 %大きく見積もる必要があった[8.10]．橋の全長は158 mで，中央の若干アーチ型になったトラス部分のスパンは45 m，道路幅は6.8 mで2005年〜2006年の間に建設された．

図8.8-a〜eはこの橋を設計したSWECO社から頂戴した論文[8.10]から橋の設計図と建設中の状況を示す写真を再利用させてもらったものである．図8.8-b, cの写真から，クレーン車を川の両岸に置き，トラス桁の敷設には作業員を載せたバケットをクレーンのブームを伸ばして接近させ，トラスの節点を空中で接合していった様子がうかがえる．

トラスの接合部（図8.8-d）には，基本的にはフリサ橋の場合と同じように，厚さ8 mmの4枚の鋼板ガセットを集成材に挿入

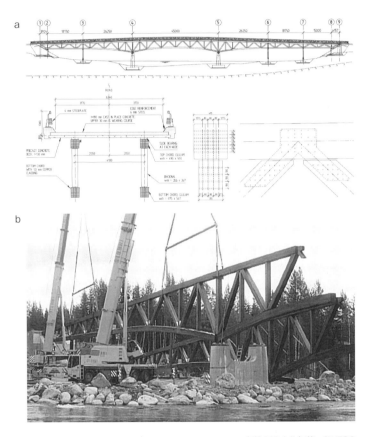

文献 8.10 より転載,SWECO

図 8.8 ● キシェルサスタル橋に関する情報
a:キシェルサスタル橋の一般図(上),断面図(左下),接合部(右下)
b:川の両岸に近い部分のトラス桁を施工している状況

第Ⅷ章　最近の集成材構造物

c：橋の中央部分のトラス桁を連結する作業
d：完成時（2006年8月17日）に撮影された橋の全景写真

2010年筆者撮影

図 8.9 ● キシェルサスタル橋

し，直径 12 mm のドリフトピンを 4 枚の鋼板を貫通するように打ち込んで接合部をできるだけ剛に固める独特の方法が採用された[8.10]．このような接合方法を用いることによって，最大 3000 kN（古い言い方をすると，300 トン）という驚異的な軸力を伝達できると資料[8.10]には記述されている．ちなみにトラス桁を構成する集成材の上弦材の断面は，幅 495 mm× せい 500 mm，下弦材は幅 495 mm× せい 563 mm，斜材は幅 365 mm× せい 367 mm であった．

図 8.9 は 2010 年に筆者が橋の国際学会に参加した時に撮影した写真である．この橋もノルウェーの道路橋示方書の規定にした

がって100年の耐用年数を満足するため，集成材はラミナの段階で銅系の薬品で前処理された後集成材に形成され，さらに集成材全体がクレオソート油で含浸処理されたと説明されている[8.10]．

設計荷重の大きさ，接合部が伝達できる軸力の大きさ，集成材に対する完璧に近い防腐処理対策など，どの点を取りあげても，世界一強い木橋という代名詞に相応しい木橋である．

3 大きくて美しい集成材建築物

最後の節では，筆者が選んだ素晴らしい集成材建築物の例を2棟紹介して本書を終わりたい．最初に紹介したいのは，現代的集成材発祥の地であるドイツの集成材建築である．図8.10は2003年10月に，ドイツのカールスルーエに完成した大規模な見本市会場の建設途中の様子を示す．見本市会場は桁行き方向170 m，全幅82 m，床面積14000 m^2 の単層のかまぼこ型集成材建築物が4つ並んで構成されている．構造は集成材のラチス屋根構造で，スパン75 mの大断面集成材のアーチに斜めの集成材の小梁がラチス状に屋根構造を構成していくもので，接合部は小径のドリフトピン多数本打ちで構成されている[8.11]．

最初に図8.10-aに示すように，メインのスパン75 mにおよぶ大断面集成材アーチを掛け渡す．アーチの集成材の断面は図8.10-bに示すように特殊な形状に加工されている．なお，このような特殊な断面に湾曲集成材を加工することは容易なことではない．次に図8.10-cに示すようにラチス状の小梁を掛けて屋根

写真はすべて 2003 年に筆者が撮影

図 8.10 ●カールスルーエ新メッセ建設途中の状況
a：スパン 75 m の大断面集成材アーチの掛け渡し
b：特殊な断面に加工された湾曲集成材
c：丸太 3 本を番線状のもので結束しただけの支保工で荷重を支えながら進む屋根工事
d：オーストリア・ザルツブルグ近郊の集成材工場から長物専用のトレーラーに積まれてドイツ・カールスルーエの建設現場に向かうところの湾曲集成材

構造を完成させる．その際，必要な箇所にのみ，3本の丸太を太い針金状の金属で束ねた支保工を建てて荷重を支える．すべての集成材は隣国オーストリアのザルツブルグ近傍の集成材工場から，アウトバーンを通って大型トレーラーでドイツのカールスルーエまで運搬される．図8.10-dの写真はその集成材工場を見学に行った際，偶然目撃したカールスルーエの建設現場向けに集成材アーチを搭載して工場を出発しようと待機していた大型トレーラーの状況を示す．ドイツ－オーストリア両国を結ぶ長大なアウトバーンの存在が，このように超大型の集成材構造建築物の建設を可能としている．

2例目もやはりドイツである．もはや最近とは言えないが，2000（平成12）年にドイツのハノーバーにおいて世界万博（EXPO2000）が開催された．そのメイン会場の大屋根が当時スイスのローザンヌ工科大学の木構造研究室を主宰していたユリウス・ナタラー（Julius Natterer）教授によって構造設計された．ちょうどその頃，短期交流プロジェクトでドイツのオットー・グラフ研究所に滞在していた筆者は懐かしいユリウス・ナタラー教授が手がけた世紀の大屋根構造を見るためハノーバーを訪れた．

図8.11-a～dはハノーバー世界万博2000においてナタラー教授が構造設計を手がけた木製大屋根構造をいくつかの角度から撮った写真である．会場に到着した時間が少し遅かったこともあって，大屋根構造がある広場はガランとしてほとんど見学者もいなかったが，筆者はもの凄い迫力で迫ってくる美しい木造シェル構造の屋根をいつまでも飽きずに眺めていた．

2000年にカナダで開催された世界木構造会議において，この

214

すべての写真は 2000 年に筆者が撮影

図 8.11 ● ハノーバー世界万博 2000 においてナタラー教授が構造を手がけた木製大屋根構造
a：全体構造
b：面積 40 m×40 m のアンブレラ構造を支える 4 本柱構造
c：柱頂部の構造—1）外観
d：支柱頂部の構造—2）膜構造の構成

大屋根構造の構造解析を担当した若い研究者達の論文[8.12)]が発表されたので，それに基づいて構造について少し紹介したい．

それによると，この大屋根には集成材だけではなく製材，合板，単板積層材（LVL）など多くの木質材料が使われている．大屋根を支える支柱（図 8.11-b）は，樹齢 200 年のモミ（silver fir）の丸太 4 本と筋交いの役割をする LVL から成る複合構造である．丸太は伐採したばかりで多量の水分を含む生材であったため，まず縦に 2 分割し，内側から乾燥を促進させるために 63 mm 幅の通気層を確保した状態で，再度二つの半割丸太をダボで一体化して使用された．柱の強度設計に関しては，含水率が高かったために設計規準で規定された強度値の 1/3 を採用し，剛性に関しては 1/6 を採用した．

シェルの膜構造はある程度のしなやかさが必要であったために，曲がりやすい厚さ 30 mm の製材をビスで重ね打ちして「エミー大佐式」の 8〜9 層の機械的に積層したアーチ材を造り，それをラチス状に配置して網目状構造とした（図 8.11-c, d）．応力の小さい部分の積層はビスのみで行われたが，応力の大きな支柱の周辺では接着剤も併用された．さらに製材だけでは応力の伝達が十分ではない箇所には LVL，合板，そして部分的に鋼板も使用された．

シェルの最も重要な外郭線に沿った部材と支柱から周辺に向かって伸びた片持ち梁には大断面集成材が使用された．すべての機械的積層ラチス材端部は大断面集成材の桁に鋼板ガセットを介してボルトで接合された．

この大屋根は 1 辺約 40 m 角の正方形のアンブレラ型シェル構

図 8.12 ●筆者が 1990 年にナタラー研究室において撮影した BVD 金物
この写真の BVD とハノーバー世界万博 2000 に使われた BVD が同じ形状・寸法かどうかは分からないが,引抜き抵抗力の発現機構そのものは同じと考えられる.

造が合計 10 枚連結されて構成され,延べ 16000 m² の大空間を実現した[注11].支柱と鋼製基礎および屋根付け根の鋼製金物との連結には BVD コネクターと呼ばれる引抜き金物が使用された.

図 8.12 に,以前筆者がスイス・ローザンヌ工科大学のナタラー教授研究室に 2 カ月間ほどお世話になった際に撮影した BVD コネクターの写真を示す.凹凸の凹の部分に横からドリフトピンを

注11) 4 枚 2 列と 2 枚 1 列が組み合わさっている.

合計24本打ち込み，残りの隙間に無収縮モルタルを詰めて接合部を固定するもので，1本あたり300 kNの引抜き耐力を発揮するそうである[8.12)]．

　20世紀の初頭にドイツで産声を上げた現代的集成材はほぼ1世紀を経て，今や世界中で次世代を担う環境に優しい構造材料として活用されている．そのバラツキの少ない安定した構造性能の優秀性と構造材そのものが美しい意匠性を有する利点を否定する人は今や誰一人としていないと言っても過言ではなかろう．集成材は都市の森林化を推進する構造材料として益々重要な存在に成長したと言えよう．

　その集成材の発展に貢献してきた人の数は膨大なものであろうが，ダイナミックで美しい集成材構造建築物の構造設計を常にリードしてきた世界の第一人者は，この最終章で紹介したユリウス・ナタラー教授であろう．

　ナタラー先生の参考書[8.13)]を見ると，先生の若い頃は大断面集成材を用いた大規模木構造が好きな構造屋さんというイメージが強かったように思える．そのナタラー先生も年を重ねるにつれて，「丸太」や「製材」をメインに使った作品が多くなったように思う．

　最後に紹介したハノーバー世界万博2000の構造は，あらゆる木質材料が適材適所に使われており，ナタラー先生の木構造人生の集大成に相応しい迫力のある構造に仕上がっていた．ずっと見ていても飽きることのない，大きくて美しい素晴らしい木質構造[8.14)]である．

おわりに

　筆者が最も得意としてきたのは，中・大規模な集成材構造建築物の接合法の開発と接合部の挙動をモデル化して現代的構造設計法に適用可能な設計計算法を建築サイドに提案することで，建築史の分野は，これまでまったくの素人であった．そんな接合屋が，集成材の歴史的発展経過に興味を持ったのは，英国のバース大学土木建築系に属する木構造の教授が，現存する世界最古の集成材建築物についての話を聞かせてくれたことがきっかけであった（第6章参照）．

　英国のサザンプトン市のバーグル街の建物が，現存する世界最古の集成材建築であるという話は実に興味深く，筆者はその建物を自分の目で確かめるために現地に足を運び，またその建物について調査したL. G. Booth博士の論文を何度も読み返した．

　ブース博士は，合板と木製桁を釘で接合した木質複合パネルの研究論文（著者はアマナとブースの2名）の共著者として日本でも有名な研究者であった．彼らのモデルは「アマナ・ブースの理論」と呼ばれ，木材工学における木質複合パネルの研究を志す初学者は，必ずと言っていいほど「アマナ・ブースの理論」を勉強したものであった．若い頃はバリバリの構造屋であったブース博士も晩年には集成材の歴史的発展経緯についてはまり込んでいっ

た．この点で，筆者はブース博士と何かを共有する同士として親近感を感じている．しかし，本書において筆者は，ブース博士が主張する世界最古の現存する集成材建築物の「真実性」に疑問を投げかけた．残念ながら，ブース博士の主張を否定できる有力な証拠を新たに発見することはできず，真実は謎として残ったままである．今後は，建造物を傷つけない方法による最新の科学的調査による真実の解明に期待したいものである．

サザンプトンの歴史的建築物の文献調査を通じて，真実性の証明は非常に難しいものであることを知った．と同時にやはり真実性を証明できる確固たる証拠を見いだすことが，この分野では何よりも重要であることを学んだ．1893年にバーゼルで開催されたスイス連邦歌謡祭のコンサートホールに関する古い新聞記事を見いだした時は，「門外漢の研究者が，このような真実を見つけてしまっていいものだろうか？」と戸惑うと同時に，研究者としての大きな達成感を感じたものであった．

ところで，筆者を集成材の歴史的発展経過の分野へ誘ったもう一つの要因は，ドイツのクリスチャン・ミューラー博士が書いた集成材の本であった．この本はヨーロッパにおける積層構造の歴史を詳しく紹介している優れた作品である．筆者はフィリベルト・デロームやA・R・エミー大佐のことを彼の本から初めて学んだ．そして，大学を定年退職後，台湾国立成功大学の建築学系大学院で木構造の講義を担当し，集成材の歴史的経緯についても講義の中で教えるうちに，この分野にますます興味を覚え，深く入り込むこととなった．

本書に紹介した内容は可能な限り本物の文献を読み，必要に応

じて関係者にメールで問い合わせて真実性を証明できる写真や図面を入手することに努めた．それにまつわる一つのエピソードを紹介して，あとがきを終えたい．

アメリカ合衆国における集成材建築の歴史について調べていた頃，北米における集成材建築史に関する論文を執筆したアンドレアス・J・ルード氏の存在を知った．彼はミネソタ大学歴史学部に学び，その卒業論文でアメリカ合衆国の黎明期における集成材建築の歴史をとりまとめた人物である．大学卒業後はペシュティゴ高校の体育館やマジソン林産試験場の集成材建築を手がけた集成材会社のユニット・ストラクチャー社に入社し，会社が1970年頃に傾いた際には，自らがユニット・ストラクチャー社を引き継ぎ，新しい集成材会社を立ち上げたのであった．インターネットを通じてなんとか見いだした彼の新しい集成材会社のコンタクト先にダメもとでメールを送ったところ，ペシュティゴ高校の体育館の立ち上げ時と最近撮影された高精度なデジタル写真が彼のメッセージとともに送られて来た．彼の返信メールに添えられていた2枚の写真を見た瞬間は，上述したバーゼルの音楽堂の正面図を見つけた時と同様に，大きな感動を覚えた．

最後に，本書を執筆するにあたり，京都大学出版会の永野祥子氏から「分かりやすい文章の書き方のいろは」を教えていただいた．永野氏の忍耐強く心優しい指導に深く感謝したい．

2016年4月6日

引用・参考文献

●第1章
1.1) 木材需給と木材工業の現況（平成19年版），（財）日本住宅・木材技術センター，2008．ならびに，最新の国土交通省住宅着工戸数統計からの推定．
1.2) 杉山英男編著：木質構造（第2版），共立出版，2001．
1.3) 官邸ホームページ http://japan.kantei.go.jp/hatoyama/statement/200909/ehat_0922_e.html#top
1.4) 林野庁ホームページ http://www.rinya.maff.go.jp/j/riyou/koukyou/index.html および国土交通省ホームページ http://www.mlit.go.jp/gobuild/gobuild_fr4_000002.html

●第2章
2.1) http://en.wikipedia.org/wiki/Philibert_de_l%27Orme: Philibert de l'Orme
2.2) Lydia Hahmann: "How Stiff Is a Timber Curved Plank? Historical Discussions about Curved Plank Structures", Proceedings on the Second International Congress on Construction History, Volume 2, pp.1501-1516, held in Queens' College, Cambridge (UK), 2006.
2.3) http://www.newadvent.org/cathen/04700b.htm: Philibert de l'Orme
2.4) http://en.wikipedia.org/wiki/Lierne_%28vault%29: Lierne
2.5) Anon: "PHILIBERT DE L'ORME", http://www.calvados.gouv.fr/IMG/pdf/philibert.pdf
2.6) Christian Müller: Holzleimbau / Laminated Timber Construction, Birkhäuser, Basel, 2000.
2.7) Philibert De l'Orme: Nouvelles inventions pour bien bastir et à petits frais, Paris, F.Morel, 1561.

2.8) http://fr.wikipedia.org/wiki/Bourse_de_commerce_de_Paris: Bourse de commerce de Paris

2.9) Chris Schwarz: "Roubo's dome for Paris's Halles aux Blés", January 19, 2013. http://blog.lostartpress.com/2013/01/19/roubos-dome-for-pariss-halles-aux-bles/

2.10) http://fr.wikipedia.org/wiki/Jacques-Guillaume_Legrand: Jacques Guillaume Legrand

2.11) http://fr.wikipedia.org/wiki/Jacques_Molinos: Jacques Molinos

2.12) http://fr.wikipedia.org/wiki/Andr%C3%A9-Jacob_Roubo: André Jacob Roubo

2.13) Jean-Charles Krafft: Plans, coupes et élévations de diverses productions de l'art de la charpente exécutées tant en France que dans les pays étrangers, Paris, Strasbourg: 1805.

2.14) Jean-Charles Krafft: Traité des échafaudages ou Choix des meilleurs modèles de charpentes exécutées tant en France qu'à l'étranger contenant la description des ouvrages en sous-oeuvre, des étayements, des différentes espèces de cintres, des applications de la charpente aux constructions hydrauliques, etc., etc. Publication utile aux ingénieurs, aux architectes, aux entrepreneurs et aux conducteurs de travaux. Ouvrage posthume, pl.17-pl.18, Librairie encyclopédique de Roret, Paris, 1856.

2.15) http://de.wikipedia.org/wiki/David_Gilly: David Gilly

2.16) Anja Säbel1, Stefan M. Holzer: 19th century curved board roofs in Bavaria, Journal of Heritage Conservation, Vol.32, pp.115-121, 2012.

2.17) David Gilly: Anweisung zur landwirthschaftlichen Baukunst: Ersten Theils erste [-zweite] Abtheilung ; Mit, 1828.

2.18) Andreas Romberg: Die Zimmerwerks-Baukunst in allen ihren Theilen. Zanner & Comp., Augsburg, 1833.

2.19) Andreas Romberg: Die Zimmerwerks-Baukunst in allen ihren Theilen. Zweite um die Hälfte vermehrte Ausgabe. Romberg, Leipzig, 1847.

2.20) Franz Ernst Theodor Funk: Abhandlung über die vorzügliche Anwendbarkeit der Bohlenbogen zu hölzernen Brücken, die grosse Oeffnungen überspannen, Rinteln, gedruckt bey C. A. Steuber, 1812.

2.21) http://de.wikipedia.org/wiki/Anatomisches_Theater_der_Tierarzneischule: Anatomisches Theater der Tierarzneischule

2.22) http://de.wikipedia.org/wiki/Carl_Gotthard_Langhans: Carl Gotthard Langhans

2.23) http://de.wikipedia.org/wiki/Brandenburger_Tor: Brandenburger Tor

2.24) http://es.wikipedia.org/wiki/Cooperativa_Obrera_Mataronense: Cooperativa Obrera Mataronesa

2.25) Manuela Mattone: "Wooden boards arches roofs in late nineteenth-century industrial architecture: conservation problems", Advanced Materials Research, Vol. 778, pp128-134,（2013）.

2.26) Jose L. Fernandez-Cabo, Marina Arce-Blanco, Rafael Diez-Barra, Pedro A. Hurtado-Valdez: "Theoretical and Experimental Structural Studies of Historical Latin-American Laminated Planked Timber Arches.", Proceedings of World Conference on Timber Engineering, WCTE2012, Session 23, Engineering Technical Issues 2, Auckland, NZ, 2012.

●第3章

3.1) Cristian Müller: Holzleimbau Laminated Timber Construction, Birkhäuser, Basel, Switzerland, 2000.

3.2) http://de.wikipedia.org/wiki/Hans_Ulrich_Grubenmann#Museum: Grubenmann

3.3) Joseph Killer: "Die Werke Der Baumeister Grubenmann. Eine Baugeschichtliche und Bautechnische Forschungsarbeit", von der Eidg. Techn. Hochschule in ZÜRICH zur Erlangung der Würde eines Doktors der Technischen Wissenschaften Genehmigte Promotionsarbeit, 1942.

3.4) http://de.wikipedia.org/wiki/Carl_Friedrich_von_Wiebeking: Carl Friedrich von Wiebeking

3.5) Thomas Tredgold: Elementary Principles of Carpentry; A Treatise on The Pressure and Equilibrium of Timber Framing; The Resistance of Timber; and The Construction of Floors, Roofs, Centres, Bridges, &c. with Practical Rules and Examples, Section VIII, WOODEN BRIDGES,. p.129-133. 2 nd Edition, London. 1828.

3.6) Emmery de Sept-Fontaines, Henri-Charles: Pont d'Ivry en bois, sur piles en pierre, traversant la Seine près du confluent de la Marne, Paris, 1832.

3.7) http://en.wikipedia.org/wiki/Newcastle_and_North_Shields_Railway: Railway from Newcastle to North Shields

3.8) Benjamin Green: 1846. "On the Arched Timber Viaducts on the Newcastle and North Shields Railway, erected by Messrs. John and Benjamin Green, of Newcastle-upon-Tyne; and the further application of the System to Skew and other Bridges, as well as to the Roofs of Railway Stations and other large buildings." Proceedings of the Institution of Civil Engineers, Paper No.339, pp. 219-232, + plates.

3.9) http://en.wikipedia.org/wiki/John_and_Benjamin_Green: John and Benjamin Green

3.10) Anon: Navy office, CONTRACTS FOR NORWAY SPARS, DECK DEALS, FIR TIMBER, AND HAND MASTS, Feb., 1829: https://www.thegazette.co.uk/London/issue/18560/page/534/data.pdf

3.11) http://en.wikipedia.org/wiki/John_Howard_Kyan: Kyan's Patent

3.12) http://en.wikipedia.org/wiki/Theodore_Burr: Theodore Burr

3.13) http://en.wikipedia.org/wiki/Burr_Truss: Burr Truss

3.14) Theodore Cooper: "American Railroad Bridge", Transaction of American Society of Civil Engineering, p.8-10 with plates in appendices, 1889.

3.15) David Stevenson: Sketch of the civil engineering of North America, J. Weale, London, 1859.

3.16) Frank Griggs, Jr. : "Trenton Bridge: First Bridge across the Delaware River", STRUCTURE magazine, p.34-36, March, 2014.

3.17) http://ja.wikipedia.org/wiki/鉄道車両の歴史

3.18) http://en.wikipedia.org/wiki/Theodore_Cooper: Theodore Cooper

3.19) http://en.wikipedia.org/wiki/Quebec_Bridge: Quebec Bridge

3.20) Thiollet François: Supplément au Traité de l'art de la charpente de J. Ch. Krafft, Paris: Bance aîné, 1840.

3.21) ANON: Bulletin de la Société d'Encouragement pour l'Industrie Nationale, N. 319-330, pp.156-157, 1831.

3.22) Alessandra Mongelli: "A New Wood Roofing System. Marac's Barracks and Colonel Armand Rose Emy's Innovative System", Proceedings of Second

International Congress on Construction History, held in Queens' College, Cambridge, Vol.2, pp.2241-2260, 2006.

3.23) A. R. Emy: Traité de l'Art de la Charpenterie, Paris. 1837-42.

3.24) A. R. Emy: Trattato dell' Arte del Carpentiere; trad. italiana di Bucchia, G. e Romano A., Venezia:G. Antonelli, 1856.

3.25) Holger de Kat, Maarten Raaijmakers, Adriaan van der Zwan: "Lamineren Zonder Lijm", -Een cultuurhistoriche verkenning naar de weverij Salomonson en de Emyspanten van Zierikzee-, Stichting Dorp, Stad en Land, Rotterdam, 2011.

3.26) http://nl.wikipedia.org/wiki/Henri_Maclaine_Pont : Henri Maclaine Pont

3.27) http://id.wikipedia.org/wiki/Berkas:1919_Aula_Timur_ITB.jpeg: 1919 East Hall ITB

3.28) Ben F. van Leerdam: HENRI MACLAINE PONT-architect tussen twee werelden, Over de perikelen rond het ontstaan van de gebouwen van een hogeschool, het 'Institut Teknologi Bandung', Delftse Universitaire Pers, 1988.

3.29) HENRI MACLAINE PONT: ARCHITECT, ENGINEER AND ARCHEOLOGIST: http://en.nai.nl/collection/view_the_collection/item/_rp_kolom2-1_elementId/1_742162

3.30) https://en.wikipedia.org/wiki/Thomas_Miles_RichardsonThomas: Miles Richardson

● 第 4 章

4.1) Christian Müller: Holzleimbau/ Laminated Timber Construction, Birkhäuser, Basel, 2000.

4.2) Anon: "Die Hetzersche Holzbauweise", Schweizerische Bauzeitung, pp.214-219, Band 57/58, Heft 16, 1911.

4.3) C.H. Baer: "Die Hetzersche Holzbauweise", Schweizerische Baukunst, pp.133-142, Band 2, Heft 10, 1910.

4.4) Ernst Gehri: Entwicklung des ingenieurmässigen Holzbaus seit Grubenmann. Teil II: 20Jahrhundert und künftige Möglichkeiten, Schweizer Ingenieur und Architekt, Heft 33/34, Band 101, 1983.

4.5) Wolfgang Rug: "100 Jahre Hetzer-Patent", Bautechnik 83, Heft 8, pp.533-540,

2006.

4.6) Wolfgang Rug: Innovationen im Holzbau-Die Hetzerbauweise, Bautechnik 71, Heft 4, pp.213-219, 1994.

4.7) European Patent Office (EPO) : http://www.epo.org/index.html

4.8) 菅野箕作, 今泉勝吉:「集成材」, 実用木材加工全書 8, 森北出版, 1965.

● 第 5 章

5.1) https://ja.wikipedia.org/wiki/ ヴァイマル共和政:ヴァイマル共和政

5.2) Wolfgang Rug: Innovationen im Holzbau-Die Hetzerbauweise, Bautechnik 71, Heft 4, pp.213-219, 1994.

5.3) Andreas Jordahl Rhude: Structural Glued Laminated Timber: History of Its Origins and Early Development, Journal of Forest Products, Vol.46（1）, pp.15-22, 1996.

5.4) Andreas Jordahl Rhude: Structural Glued Laminated Timber:-History of Its Origins and Development, A Major Paper Submitted To The Faculty Of The History Department of The University of Minnesota. in Partial Fulfillment of The Requirements for the Degree of Bachelor of Arts, Winter 1995.

5.5) Theodor Gesteschi:" Fortschritte in der Ausführung neuzeitlicher Holzkonstruktionen", DIE BAUTECHNIK, Heft 25, 6 Jahrgang, BERLIN,12 Juni 1928.

5.6) T. R. C. Wilson: The Glued Laminated Wooden Arch, Technical Bulletin No. 691, United States Department of Agricultures, Washington, D. C., October, 1939.

5.7) 小倉武夫:アメリカ及びヨーロッパの木材工業技術（1）集成材, 木材工業, Vol.9, No.6, p.256-261, 1954.

5.8) Douglas R. Rammer, Jorge de Melo Moura, and Robert J. Ross: Structural Performance of the Second Oldest Glued-Laminated Structure in the United States, p.1233-1242, Structures Congress 2014, ASCE, 2014.

5.9) Marko Teder and Xiping Wang: Nondestructive Evaluation of a 75-Year Old Glulam Arch, Proceedings of the 18th International Nondestructive Testing and Evaluation of Wood Symposium held on Sept. 24-27, 2013, in Madison, WI.

5.10) 上村武：建築家のための集成材知識，建築設計資料集　新・集成材の造形とディテール，p.12，エス・ピー・エス出版，1990．

5.11) 菅野襄作：木材加工技術の展望　集成材，木材工業，Vol.7（1），p.11-15，1952．

5.12) 竹谷公一朗：集成材，木材工業，Vol.10（7），p.29-31，1955．

5.13) Anon: "Urea formaldehyde", Plastics Historical Society, 2011.

5.14) Anthony H. Conner: "UREA-FORMALDEHYDE ADHESIVE RESINS", in Polymeric Materials Encyclopedia, Vol.11, CRC Printed, 1996.

5.15) 日本集成材工業組合：集成材建築物設計・施工マニュアル作成に関する報告書　平成22年度国土交通省木造住宅・建築物等の整備促進に関する技術基盤強化を行う事業報告書，「集成材のはじまり」，p.12～p.13，2月，2011年．

5.16) 日本建築学会：7章　木材・竹材をめぐる研究の変遷，p.321-322，http://www.aij.or.jp/da1/sekeishiryou/pdf/J7001835-02_02.pdf

5.17) 三井木材工業株式会社：新しい集成材建築，木材工業 Vol.9（9），p.407-409，1954．

5.18) 軽部正彦：第14回公開フォラム／つくば（独）森林総合研究所見学会：配布資料，2012．

5.19) 多和田昭二：積層材による木造ラーメンの試作 ── 港湾実験室について，北海道開発局土木試験所月報第39号，p.8-9，1956．

5.20) 高見勇：「我が国の集成材工業の育成と発展に当って」，北海道立林業指導所月報57号 1956年10月．

●第6章

6.1) Anon: "Konzerthalle für das eidg. Sängerfest in Basel", Schweizerische Bauzeitung, Band.21/22, Heft 7, pp.44-47, 19 August, 1893.

6.2) Anon:WERK-Chronik, Nr. 7, 54, p.451, 1967.

6.3) Anon: "Die Hetzersche Holzbauweise", Schweizerische Bauzeitung, pp.214-219, Band 57/58, Heft 16, 1911.

6.4) Glued laminated timber: http://en.wikipedia.org/wiki/Glued_laminated_timber

6.5) Christian Müller: Holzleimbau/ Laminated Timber Construction, Birkhäuser,

Basel, 2000.

6.6) Ernst Gehri: Entwicklung des ingenieurmässigen Holzbaus seit Grubenmann. Teil II: 20Jahrhundert und künftige Möglichkeiten, Schweizer Ingenieur und Architekt, Heft 33/34, Band 101, 1983.

6.7) L.G.Booth and Diana Heywood: "Josiah George Poole and the New School Room, King Edward Vl School, Bugle Street, Southampton. An Early Example of Glued Laminated Timber Arches in Britain", pp.483-Volume 13 Number 4 (Issue 76), 1994.

6.8) Anon: "History and evolution to the end of the twentieth century", in Glulam-Performance Record, Glued Laminated Timber Association, UK. http://www.glulam.co.uk/performanceHistory.htm, 2014.

6.9) Anon: http://list.historicengland.org.uk/resultsingle.aspx?uid ＝ 1270498

●第7章

7.1) 日本集成材工業組合：集成材建築物設計・施工マニュアル作成に関する報告書　平成 22 年度国土交通省木造住宅・建築物等の整備促進に関する技術基盤強化を行う事業報告書,「集成材のはじまり」, p.12 〜 p.13, 2 月, 2011 年.

7.2) 貝本冨之輔：集成材の今昔, 貝本林業株式会社（発行）, 全 123 頁, 平成 7 年.

7.3) 建設省住宅局建築指導課（監修）：大断面木造建築物設計施工マニュアル 1988 年版, 日本建築センター, 新洋社, 昭和 63 年.

7.4) MITSUI GLT SYSTEM, p.15, 1993.

7.5) 地主道夫：5. 設計, 施工上の問題点：集成材建築設計例から：太陽の郷スポーツガーデン（建築家は大規模木造建築に挑戦を――集成材建築の問題点を探る, 木構造部門パネルディスカッション, 研究懇談会, 昭和 60 年度日本建築学会大会), 建築雑誌, Vol.100（1236）, 104 頁, 1985 年 8 月号.

7.6) 杉山英男：太陽の郷スポーツガーデン, 建築雑誌, Vol.100（1234）, 12 頁, 1985 年 6 月号.

7.7) 堀江和美：集成材構造建築の手引, Timber Engineering Consultant（TEC）, p.1-2, 1995 年 2 月 28 日.

7.8) 林　知行：ここまで変わった木材・木造建築，pp.2-5，丸善，2003．

7.9) 清水建設株式会社技術研究所：集成材大梁接合部の構造実験報告書，1988（昭和63）年．

7.10) 財務省財務局：「財務省財務局60年史」，第1節「総説」，4．バブル崩壊後の1990年代，https://www.mof.go.jp/about_mof/zaimu/60years/1-1.htm#04

7.11) 金榮愨，深尾京司，牧野達治：失われた20年の構造的原因，RIETI Policy Discussion Paper Series 10-P-004，（独）経済産業研究所，2010．

7.12) 林野庁：公共建築物等における木材の利用の促進に関する法律，2010（平成22）年5月26日公布，同年10月1日施行．http://www.rinya.maff.go.jp/j/riyou/koukyou/

7.13) 小松幸平："IV．通直集成材剛節フレーム加力試験"，木造化推進標準設計施工マニュアル作成等事業報告書（3）「木造化技術開発」p. VI 1～VI 60，昭和62年（1987）3月，（財）日本住宅・木材技術センター．

7.14) Kohei Komatsu, Fumio Kamiya, Yoshihiko Hirasima: "FullSize Test and Analysis on Glulam TwoStoried Portal Frames Subjected to Horizontal Load", Proceedings of the 31st Japan Congress on Materials Research, pp.185191, 1988.

7.15) 小松幸平："現場接合型集成材剛節骨組み構法の改良研究"，モデル木造施設建設事業技術協力平成元年度追加報告書，（財）日本住宅・木材技術センター，12月，1989．

7.16) 小松幸平，川元紀雄，堀江和美："集成材によるモーメント抵抗接合部の構造性能（II）──施工性を改良したドリフトピン接合の場合"，日本建築学会大会学術講演梗概集（中国），p.141-142, 10月，1990．

7.17) Komatsu Kohei, Norio Kawamoto, Saburo Uesugi ; "Performance of Glulam MomentResisting Joints", Proceedings of the 1990 International Timber Engineering Conference, Vol.2, pp.626632, Tokyo, 1990.

7.18) Komatsu Kohei, Kawamoto Norio, Horie Kazumi, Harada Masaki: "Modified Glulam Moment Resisting Joints", Proceedings 1991 International Timber Engineering Conference, London, Vol.3, p.3. 1113. 118, 1991.

7.19) 山本　博，荒木為博，古久保恵一，福山国夫，小松幸平："π型鋼板挿入ドリフトピン接合の曲げ性能に関する研究──その1実験的検討"，日

本建築学会学術講演梗概集（東海），p.3738, 1994.

7.20) 荒木為博，山本　博，古久保恵一，福山国夫，小松幸平："π型鋼板挿入ドリフトピン接合の曲げ性能に関する研究――その2 解析的検討", 日本建築学会学術講演梗概集（東海），p.3940, 1994.

7.21) 小松幸平（所収）：第4章"集成材アーチ橋におけるアーチリブ接合部の設計と1/2モデルを用いた接合部の剛性・耐力実験", 木造化推進標準設計施工マニュアル作成等事業報告書,「建造物適用技術推進」，日本住木センター，p.47-107, 1994.

7.22) Kohei Komatsu, Seizo Usuki: "Glulam arch bridge and design of it's moment-resisting joints", Proceedings of the 27th meeting of the International Council for Building Research Studies and Documentation, Working Commission W18 Timber Structures, CIBW18/270701, Sydney, Australia, July, 1994.

● 第8章

8.1) 公共建築物等における木材の利用の促進に関する法律：林野庁ホームページ http://www.rinya.maff.go.jp/j/riyou/koukyou/index.html

8.2) 文部科学省：公立学校施設における木材利用状況に関する調査結果（概要）http://www.mext.go.jp/a_menu/shotou/zyosei/mokuzai/1284978.htm

8.3) 国土技術政策総合研究所，独立行政法人建築研究所，早稲田大学，秋田県立大学，三井ホーム㈱，住友林業㈱，㈱現代計画研究所：木造3階建て学校の実大火災実験（予備実験），平成24年2月．

8.4) 木造3階建て学校実大火災実験実行委員会：木造3階建て学校の実大火災実験（準備実験），平成24年11月, http://www.mlit.go.jp/common/000233509.pdf

8.5) 木造3階建て学校実大火災実験実行委員会：木造3階建て学校の実大火災実験（本実験）の結果概要，平成25年12月24日, http://www.nilim.go.jp/lab/bbg/kasai/h25/20131224.pdf

8.6) 国土交通省：建築基準法の一部を改正する法律（平成26年法律第54号）について，平成27年6月30日, http://www.mlit.go.jp/jutakukentiku/build/jutakukentiku_house_fr_000071.html

8.7) Erik Aasheim: "Norwegian Timber Bridges: Current Trends and Future

Directions", Plenary Session presentation file, . 2 nd International Conference on Timber Bridges, September 30 - October 3, Las Vegas, USA, 2013.

8.8) Per Kristian Ekkeberg: "Technical Concepts for Long Span Timber Bridges", Proceedings of International Conference of Timber Bridges, ICTB2010, pp.29-35, Lillehammer, Norway, September, 2010.

8.9) Henry Tung: "Critical analysis of the Flisa Bridge", Proceedings of Bridge Engineering 2 Conference 2009, pp.1-10, April, University of Bath, Bath, UK, 2009.

8.10) Rune B. Abrahamsen: "Bridge across Rena River- "World's strongest timber bridge", pamphlet distributed by SWECO at ICTB2010 in Lillehammer, Norway, No date.

8.11) SUSA-VERLAG: Neue Messe Karlsruhe, BAUDOKUMENTATION 126, 2003.

8.12) Burger Norbert, Müller Alan, Natterer Johannes: The "EXPO-roof" in Hanover-A new dimension for ripped shells in timber, World Conference on Timber Engineering, Whistler, BC, Canada, August, 2000.

8.13) Julius Natterer, Thomas Herzog und Michael Volz: Holzbau Atlas Zwi, Institut für international Architektur-Dokumentation, München,1991.

8.14) Julius Natterer: "Simple And High-Tech Structures of Timber for Economic and Sustainable Support of Our Forests" Einfach-und Hightech Konstruktionen, Aus Holz für Energieeffizienttes, Wirttschaftliches und Nachhaltiges Bauen, Bois Consult Natterer SA, 2012. (in Germany)

索　引

【ア行】
アーチ構造　33
　　　機械的積層アーチ　60
　　　垂直積層アーチ　51
　　　水平積層アーチ　51
　　　ステファン型アーチ構造　145
　　　張弦アーチ構造　69
　　　木製アーチ屋根構造　22
　　　木造機械の水平積層アーチ　73
　　　木造トラスアーチ　145
　　　湾曲集成材アーチ　145
I型断面　98, 105
安代町立田山体育館　160
厚板　22
飯塚五郎蔵　160
出雲ドーム　171
イブリー橋　58
ウィーベッキング　55
ウィリントン高架橋　60
エネルギー吸収能力　183
エミー，アーマンド・ローズ　40, 74
LVL　→単板積層材
円弧状縦使い厚板　21, 22
エンジニアードウッド　9
オース・バーン高架橋　60
大館樹海ドーム　173
帯広営林支局　184
温室効果ガス　4

【カ行】
下弦材　210
カゼイン接着剤　→接着剤
神の森大橋　189
含水率　8
機械的積層アーチ　→アーチ構造
キシェルサスタル橋　207

木と暮らしの情報館　179
橋梁技術者　51
ギリー，デビット　35
キング・エドワードVI世校　149
空海ドーム　165
矩形断面　105
組立柱　34
グリューベンマン親子　52
原木丸太　14
鋼板ガセット　177
高位等級ラミナ　→ラミナ
公共建築物　196
　　　低層公共建築物　6
公共建築物等における木材の利用の
　　　促進に関する法律　6, 176, 195
合成樹脂接着剤　→接着剤
合板　215
鋼板挿入ドリフトピン接合法　168,
　　　180
木口面　24
コペンハーゲン鉄道駅　46

【サ行】
在来軸組構法　1
サザンプトン戸籍登記所　149
新発田市立厚生年金体育館　160
斜材　210
集成材（GLT）　7, 215
　　　垂直積層集成材　20
　　　水平積層集成材　19, 20
　　　スギ集成材　134
　　　接着積層集成材　17
　　　大断面（構造用）集成材　164,
　　　　211
　　　通直集成材　176
　　　ベイマツ集成材（ダグラスファー

集成材）　134, 169
　　　ヘッツアー型湾曲集成材　98
　　　変断面 I 型集成材　111
集成材トラス橋　205
集成材ラーメン構造　199
純ラーメン構造　176
上弦材　42, 210
真実性　220
信州博覧会グローバルドーム　171
森林記念館　133
スイス連邦歌謡祭　220
垂直積層アーチ　→アーチ構造
垂直積層集成材　→集成材
水平積層アーチ　→アーチ構造
水平積層集成材　→集成材
スカーフジョイント　15
スカーフ接合法　125
スギ集成材　→集成材
杉山英男　163
ステファン型アーチ構造　→アーチ構造
製材　1, 215
接着剤
　　　カゼイン接着剤　97
　　　合成樹脂接着剤　7
　　　フェノール樹脂接着剤　138
　　　ユリア樹脂接着剤　133, 137
　　　レゾルシノール樹脂接着剤　138
接着積層集成材　→集成材
栓　22
繊維方向　24

【タ行】
Terner & Chopard 社　98
大規模集成材ドーム　165
大工棟梁　30, 51
大断面（構造用）集成材　→集成材
太陽の郷スポーツガーデンのプール棟　162
ダグラスファー集成材　→集成材

タケヤ合板研究所　135
タコマドーム　165
縦挽き鋸　31
垂木　38
炭酸同化作用　5
単板積層材（LVL）　215
地球温暖化　4
中位等級ラミナ　→ラミナ
長大木造高架橋　61
張弦アーチ構造　→アーチ構造
直材　38
通直集成材　→集成材
低位等級ラミナ　→ラミナ
低層公共建築物　→公共建築物
鉄木（Ironwood）　90
伝統木造建築　26
ドイツ特許 DE163144（1903 年）　94
洞爺湖温泉サンパレスプール棟　169
都市の森林化　5, 6
ドリフトピン　177, 206
トレントン橋　68

【ナ行】
ナタラー，ユリウス　213
日本集成材協同組合　135
二酸化炭素（CO_2）　4
　　　CO_2 貯蔵　5

【ハ行】
バーゼル連邦歌謡祭コンサートホール　142
ハニッシュ，マックス　117
パリ穀物交換所　33
バンベルグ橋　55
PSLT 床板　203
飛翔の館　184
フィリベルト・デローム　20
フィンガージョイント　14, 15
フェノール樹脂接着剤　→接着剤
節　3

フリサ橋　201
ベイマツ集成材　→集成材
ペシュティゴ高校　122, 221
ヘッツアー, カール・フロイドリッヒ・オットー　91
ヘッツアー型湾曲集成材　→集成材
辺材部分　204
変断面 I 型集成材　→集成材
ほぞ穴　22, 32
ポント, ヘンリー・マクレイン　85

【マ行】
マジソン林産試験場　122, 221
マックス・ハニッシュ卿　→ハニッシュ
マルメ駅舎　114
目切れ　24
燃え代設計　164
燃え代層　164
モーメント抵抗接合部　182
木質材料　215
木質ラーメン構造　177
木製アーチ屋根構造　→アーチ構造
木造化　196
木造機械的水平積層アーチ　→アーチ構造
木造ドーム　33
木造トラスアーチ　→アーチ構造
モデル木造事業　164

【ヤ行】
ユニット・ストラクチャー社　120, 221
ユリア樹脂接着剤　→接着剤

【ラ行】
ラチス屋根構造　211
ラミナ　7
　高位等級ラミナ　8
　中位等級ラミナ　8
　低位等級ラミナ　8
ラメラ構法　118
リエルネ　22
レゾルシノール樹脂接着剤　→接着剤
ロウボ, アンドレ　30

【ワ行】
湾曲集成材アーチ　→アーチ構造

小松　幸平(こまつ　こうへい)

昭和23年京都市生まれ．京都大学名誉教授．
昭和47年京都府立大学農学部林学科卒業，昭和52年京都大学大学院農学研究科林産工学専攻博士後期課程研究指導認定同退学．農学博士．昭和52年〜昭和61年まで北海道立林産試験場研究員（この間2年間NZ政府招聘研究員）．昭和61年〜平成8年まで農林水産省森林総合研究所研究職員，室長．平成8年〜平成25年まで京都大学木質科学研究所と改組後の生存圏研究所で助教授，教授．
専門分野は集成材構造建築物の接合メカニズム．平成3年「集成材骨組み構造におけるモーメント抵抗接合に関する研究」によって「日本木材学会賞」受賞．平成17年「ドリフトピン接合の木質構造への応用と普及」によって「杉山英男賞」受賞．共著作品として，木質構造設計ノート (1995)，木質構造接合部設計マニュアル (2009)：日本建築学会，木質構造 (2004)：東洋書店．

集 成 材
── 〈木を超えた木〉開発の建築史　学術選書 077

2016 年 11 月 10 日　初版第 1 刷発行

著　　者………小松　幸平
発 行 人………末原　達郎
発 行 所………京都大学学術出版会
　　　　　　　京都市左京区吉田近衛町 69
　　　　　　　京都大学吉田南構内（〒606-8315）
　　　　　　　電話（075）761-6182
　　　　　　　FAX（075）761-6190
　　　　　　　振替 01000-8-64677
　　　　　　　URL http://www.kyoto-up.or.jp

印刷・製本…………㈱太洋社

装　　幀…………鷺草デザイン事務所

ISBN 978-4-8140-0055-5　　　Ⓒ K. Komatsu 2016
定価はカバーに表示してあります　　Printed in Japan

本書のコピー，スキャン，デジタル化等の無断複製は著作権法上での例外を除き禁じられています。本書を代行業者等の第三者に依頼してスキャンやデジタル化することは，たとえ個人や家庭内での利用でも著作権法違反です。

073 異端思想の500年 グローバル思考への挑戦 大津真作
074 マカベア戦記㊦ ユダヤの栄光と凋落 秦剛平
075 懐疑主義 松枝啓至
076 埋もれた都の防災学 都市と地盤災害の2000年 釜井俊孝
077 集成材〈木を超えた木〉開発の建築史 小松幸平

035 ヒトゲノムマップ 加納 圭
036 中国文明 農業と礼制の考古学 岡村秀典 諸6
037 イネの歴史 佐藤洋一郎
038 新・動物の「食」に学ぶ 西田利貞
039 新編 素粒子の世界を拓く 湯川・朝永から南部・小林・益川へ 佐藤文隆 監修
040 文化の誕生 ヒトが人になる前 杉山幸丸
041 アインシュタインの反乱と量子コンピュータ 佐藤文隆
042 災害社会 川崎一朗
043 ビザンツ 文明の継承と変容 井上浩一 諸8
044 江戸の庭園 将軍から庶民まで 飛田範夫
045 カメムシはなぜ群れる? 離合集散の生態学 藤崎憲治
046 異教徒ローマ人に語る聖書 創世記を読む 秦 剛平
047 古代朝鮮 墳墓にみる国家形成 吉井秀夫
048 王国の鉄路 タイ鉄道の歴史 柿崎一郎 諸13
049 世界単位論 高谷好一
050 書き替えられた聖書 新しいモーセ像を求めて 秦 剛平
051 オアシス農業起源論 古川久雄
052 イスラーム革命の精神 嶋本隆光
053 心理療法論 伊藤良子 心7

054 イスラーム 文明と国家の形成 小杉 泰 諸4
055 聖書と殺戮の歴史 ヨシュアと士師の時代 秦 剛平
056 大坂の庭園 太閤の城と町人文化 飛田範夫
057 歴史と事実 ポストモダンの歴史学批判をこえて 大戸千之
058 神の支配から王の支配へ ダビデとソロモンの時代 秦 剛平
059 古代マヤ 石器の都市文明【増補版】 青山和夫 諸11
060 天然ゴムの歴史 〈ペア樹の世界・周オデッセイから〈交通化社会〉へ こうじや信三
061 わかっているようでわからない数と図形と論理の話 西田吾郎
062 近代社会とは何か ケンブリッジ学派とスコットランド啓蒙 田中秀夫
063 宇宙と素粒子のなりたち 糸山浩司・横山順一・川合 光・南部陽一郎
064 インダス文明の謎 古代文明神話を見直す 長田俊樹
065 南北分裂王国の誕生 イスラエルとユダ 秦 剛平
066 イスラームの神秘主義 ハーフェズの智慧 嶋本隆光
067 愛国とは何か ヴェトナム戦争回顧録を読む ヴォー・グエン・ザップ著・古川久雄訳・解題
068 景観の作法 殺風景の日本 布野修司
069 空白のユダヤ史 エルサレムの再建と民族の危機 秦 剛平
070 ヨーロッパ近代文明の曙 描かれたオランダ黄金世紀 樺山紘一 諸10
071 カナディアンロッキー 山岳生態学のすすめ 大園享司
072 マカベア戦記(上) ユダヤの栄光と凋落 秦 剛平

学術選書 [既刊一覧]

＊サブシリーズ「心の宇宙」→ 宙　「諸文明の起源」→ 諸
「宇宙と物質の神秘に迫る」

001 土とは何だろうか？　久馬一剛
002 子どもの脳を育てる栄養学　中川八郎・葛西奈津子
003 前頭葉の謎を解く　船橋新太郎
005 コミュニティのグループ・ダイナミックス　杉万俊夫 編著　心 1
006 古代アンデス 権力の考古学　関 雄二 編著　心 12
007 見えないもので宇宙を観る　小山勝二ほか 編著　宙 1
008 地域研究から自分学へ　高谷好一
009 ヴァイキング時代　角谷英則　諸 9
010 GADV仮説 生命起源を問い直す　池原健二
011 ヒト 家をつくるサル　榎本知郎
012 古代エジプト 文明社会の形成　高宮いづみ　諸 2
013 心理臨床学のコア　山中康裕　心 3
014 古代中国 天命と青銅器　小南一郎　諸 5
015 恋愛の誕生 12世紀フランス文学散歩　水野 尚
016 古代ギリシア 地中海への展開　周藤芳幸　諸 7
018 紙とパルプの科学　山内龍男

019 量子の世界　川合・佐々木・前野ほか編著　宙 2
020 乗っ取られた聖書　秦 剛平
021 熱帯林の恵み　渡辺弘之
022 動物たちのゆたかな心　藤田和生　心 4
023 シーア派イスラーム 神話と歴史　嶋本隆光
024 旅の地中海 古典文学周航　丹下和彦
025 古代日本 国家形成の考古学　菱田哲郎　諸 14
026 人間性はどこから来たか サル学からのアプローチ　西田利貞
027 生物の多様性ってなんだろう？ 生命のジグソーパズル　京都大学総合博物館／京都大学生態学研究センター 編
028 心を発見する心の発達　板倉昭二　心 5
029 光と色の宇宙　福江 純
030 脳の情報表現を見る　櫻井芳雄
031 アメリカ南部小説を旅する ユードラ・ウェルティを訪ねて　中村紘一
032 究極の森林　梶原幹弘
033 大気と微粒子の話 エアロゾルと地球環境　笠原三紀夫 監修　東野 達
034 脳科学のテーブル　日本神経回路学会監修／外山敬介・甘利俊一・篠本滋 編